本书获西北大学马克思主义学院和历史学院学科发展经费资助

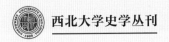

西北大学史学丛刊

清代男风问题研究

1800 —————— 1898

董笑寒 著

社会科学文献出版社
SOCIAL SCIENCES ACADEMIC PRESS (CHINA)

目　录

绪　论

一　研究缘起

本书的研究对象是清代男风的实践者及其同性情欲与同性关系。其中，同性情欲是男风得以存在和延续的内在原因，而同性关系则是男风的外在形式，其以双方的性关系为纽带，涉及双方的经济关系、社交关系与情感关系等。在此基础上，本书初步探讨了清代社会中男风存在的原因与传播方式等问题。

至于为何不用"同性恋"（homosexuality）一词来指代本书研究对象，一方面是因为该词语自 19 世纪出现于欧洲之后，经过一百多年的发展，其内涵已经从单纯的医学概念，[①] 演变成如今欧美学术界及社会领域中 个重要的身份政治概念，具有独特的学术、政治、社会与法律等文化内涵与传统。[②] 因此，如果在当下中文世界的学术话语中使用这个词语，必然会受到上述政治概念的影响，

[①] 弗洛朗斯·塔玛涅：《欧洲同性恋史》，周莽译，商务印书馆，2009，第 7 页。

[②] 参见张业亮《同性婚姻问题与美国政治》，《美国研究》2012 年第 2 期；曹鸿《社会政治与历史书写的互动——美国同性恋史研究的发展与思考》，《世界历史》2017 年第 6 期。

而降低学术研究的严谨性与准确性。另一方面，在"同性恋"或"同性爱"等词语民国时期出现于中文世界之前，中国古代文献中向来有"男风"、"龙阳"或"断袖"等一系列词语，指代男性之间的同性情欲、关系及社会现象，①并且具有自身独特的历史文化传统。此外，在这两个不同传统之中所产生的两个概念，虽然各自指代的对象在情感表现和行为方式等表象上具有一定程度的相似性，但各自的定义或实质却完全不同。简言之，"同性恋"是一种具有特定政治权利、法律保障和社会认同的公共领域的身份概念，而"男风"则是一种私人领域的癖好及由其引起的社会现象，其地位与女色相当且不冲突。正如美国史学家索尼娅·罗斯所言："今日所理解的同性恋，被认为是一种存在状态，定义那些与同性有着亲密行为的人的身份，在过去是没有这种意义的。同性之间的情欲行为当然存在于所有文化之中，但是有过这些行为的人并不被视为同性恋。"②因此，出于严谨的学术研究的态度，笔者选择使用"男风"一词来指代本书研究对象。

关于中国古代男风问题的研究，首开先河的应该是潘光旦先生在民国时期为其所翻译的《性心理学》一书所写的附录《中国文献中同性恋举例》一文③。经过几十年的沉寂，中外学界在20世纪末才又重新开始研究中国古代尤其是明清时期的男风问题。据以往学者对清代相关材料的梳理与研究，清代男风概况如下。

---

① 学者张在舟曾考证出四十余种关于男风的称呼，参见氏著《暧昧的历程：中国古代同性恋史》，中州古籍出版社，2001，第9~19页。

② 索尼娅·罗斯：《什么是性别史》，曹鸿译，北京大学出版社，2020，第25页。

③ 《中国文献中同性恋举例》，潘乃穆、潘乃和编《潘光旦文集》第12卷，北京大学出版社，2000，第684~714页。

第一，清代男风之兴盛承接明代，且远超明代。明清时期，男风"风靡整个社会，得到了社会的承认，并在晚明的纵欲思潮消歇之后还一直延续下去，直至清末民初，整个风气呈愈演愈烈之势"。① 而清代男风兴盛的原因则如下：清代禁止官员宿娼；与男女接触相比，男男接触不会破坏传统的宗室家庭秩序；在一些地区如福建，男风起到一种"团结互助"的作用；受中国古代房中术"闭精守关"观念的影响；清初汉族知识分子政治逃避的一种方式。②

第二，清代文人从个体层面分析了男风成因。如纪昀与张元赓等对男风产生原因的解释，有后天说与先天说，后天说包括环境劫诱说与意志堕落说，先天说包括淫恶果报说与因缘轮回说。③

第三，清代男风在地域分布上存在差异。男风一般在经济文化发达地区比较普遍，如京师与江南地区。而福建男风之所以兴盛，则与其特殊的历史、地理与习俗有关。④

第四，清代男风在职业与身份分布上存在差异。清代乾嘉时期，伶业兼营相公业的风气开始盛行。⑤ 而清代各类文学作品中亦不乏对僧道等出家人之间男风的描写。⑥

第五，清代社会对男风的总体态度。包括清代在内，中国古代

---

① 吴存存：《明清社会性爱风气》，人民文学出版社，2000，第114页。
② 刘达临：《性与中国文化》，人民出版社，1999，第588~590页。
③ 《中国文献中同性恋举例》，潘乃穆、潘乃和编《潘光旦文集》第12卷，第711页。
④ 张在舟：《暧昧的历程：中国古代同性恋史》，第27~28页。
⑤ 《中国文献中同性恋举例》，潘乃穆、潘乃和编《潘光旦文集》第12卷，第709页。
⑥ 张在舟：《暧昧的历程：中国古代同性恋史》，第663~683页。

社会对男风基本持温和的反对态度，① 或倾向于中立的反对态度，其反对主要体现在政治生活、主流文化、家庭制度、性犯罪与社会道德规范等方面，但这种反对与西方基督教或伊斯兰教等对同性恋的严禁态度存在显著差异。② 产生这种态度的原因，主要是男风与儒家的三纲五常并无根本冲突。③

第六，清律严格惩治男性间的鸡奸行为，但清末法律改革时却废除鸡奸律。清律将鸡奸分为强行鸡奸与和同鸡奸两类，对强行鸡奸者，根据犯罪情形分别处以绞监候至斩立决等不同级别的死刑；对和同鸡奸者，则判处枷号一个月、杖一百。④ 有学者认为清律中的男性分为危险的男性、柔弱的男性与不洁的男性等三类，⑤ 分别受到清律的惩罚与保护，也体现了性别角色与身份等级之间的权力关系。⑥ 清末法律改革时则取消鸡奸罪，将其纳入猥亵行为定罪。修律者的解释是："鸡奸一项，自唐迄明均无明文，即揆诸泰西各国刑法，虽有其例，亦不认为奸罪，故本案采用其意，赅于猥亵行为之内，而不与妇女并论。"⑦

---

① 施晔：《中国古代文学中的同性恋书写研究》，上海人民出版社，2008，第608页。

② 张在舟：《暧昧的历程：中国古代同性恋史》，第19~22页。

③ 郭晓飞：《中国法视野下的同性恋》，知识产权出版社，2007，第46页。

④ 《大清律例》卷33《刑律·犯奸》，大津古籍出版社，1993，第554页。

⑤ Matthew H. Sommer, "Dangerous Males, Vulnerable Males, and Polluted Males: The Regulation of Masculinity in Qing Dynasty Law," in Brownell, Susan and Jeffrey N. Wasserstrom, eds., *Chinese Femininities/Chinese Masculinities: A Reader*, University of California Press, 2002, pp. 67-88.

⑥ Matthew H. Sommer, *Sex, Law, Society in Late Imperial China*, Stanford University Press 2000, p. 117.

⑦ 《大清新刑律》第2编《分则》第272条《注意》，高汉成主编《〈大清新刑律〉立法资料汇编》，社会科学文献出版社，2013，第135页。

上述研究大致分为总论和分论两个阶段。

在总论阶段，学者上溯先秦，下讫明清，将两千多年历史上各类史料中有关男风的记载梳理出来，并根据相关史料在各个朝代的分布情况，指出男风在古代历史上的发展概况与兴衰原因，以及男风在身份、职业、宗教、地区等方面所体现的特点。这些研究从整个中国古代史的宏观角度，指出男风在各个朝代及各个社会阶层中广泛存在，并初步分析了男风成因，以及不同时期的社会对男风的不同态度等问题。虽然不够具体，但具有开先河的意义。除了前文提到的潘光旦和张在舟之外，还有韩献博①、刘达临②等人的研究，以及张杰的文献整理③。

在分论阶段，学者从各自的学科专业或研究领域出发，按照各自研究的具体时段、主题等，将上述男风史料集中汇总后进行深化研究，如探讨明清文学、明清社会与清代法律等领域中的男风问题。这些研究以政治制度、社会经济与思想文化等不同视野，分析男风与国家、社会及伦理道德等之间的多重互动，指出明清时期男风的发展与表现是在这种互动下所形成的。在总论阶段研究的基础上，分论阶段的研究对一些相对具体的问题进行了不同程度的深化，并得出了一些具有启发性的观点。如苏成捷④、吴存存⑤、郭晓飞⑥、施晔⑦等人的研究。因此，分论阶段的研究体现了男风研

① Bret Hinsch, *Passions of the Cut Sleeve: The Male Homosexual Tradition in China*, University of California Press, 1992.
② 刘达临：《性与中国文化》，人民出版社，1999。
③ 张杰编《断袖文编——中国古代同性恋史料集成》，天津古籍出版社，2013。
④ Matthew H. Sommer, *Sex, Law, Society in Late Imperial China*.
⑤ 吴存存：《明清社会性爱风气》。
⑥ 郭晓飞：《中国法视野下的同性恋》。
⑦ 施晔：《中国古代文学中的同性恋书写研究》。

究的"分工化"与专业化趋势。

上述男风研究经历了从整体到局部的研究视角的变化，以及从以史学为主导到文学、法学、社会学等多条路径同时推进且交叉互动的研究趋势，为中国古代男风尤其是明清男风的研究奠定了基础。但是，其中也存在材料单一、方法雷同、观点重复等问题。尤其是国内外关于明清时期各类文学作品中男风问题的研究，更像是关于"男风的观念"的研究。

具体而言，前人研究中尚未解决的问题，或者阻碍男风研究进一步推进的障碍，大致如下。

其一，概念。很多人使用"同性恋"一词来指代中国古代的男风，这种用词习惯或多或少受到潘光旦先生在民国时期所写的《中国文献中同性恋举例》一文的影响。但从民国时期到当下社会，"同性恋"一词的概念发生了巨大的变化，已经从潘光旦先生认同的心理疾病概念，变成一个政治概念。因此，"同性恋"与"男风"是两种不同文化语境中的话语，"同性恋"话语无法准确表述或解释中国古代男风问题。

其二，材料。前人研究男风所使用的史料，主要是正史与笔记、小说等各种形式的文学作品，而各类文学作品中的男风大多是文人的道听途说与杜撰想象。正如潘光旦所说："稗官小说的笔墨，虽间或比较的细密，但文人好事，古今通病，或无中生有，或以假作真，或过于渲染，其可靠的程度必须视每一例的情形分别断定。"① 可见，前人对明清时期各类文学作品中的男风的研究，更

---

① 《中国文献中同性恋举例》，潘乃穆、潘乃和编《潘光旦文集》第 12 卷，第 700 页。

像是"明清文学作品中的男风"或"明清文人想象中的男风"。因此，研究这些关于男风的观念史，虽然有助于理解男风在不同历史时期的社会观念中的表现，但无助于直接了解那些真实存在过的男风的实际情况。

其三，对象。前人对男风的研究，大多是借男风来体现不同历史时期的文人审美情趣、思想流变、文化内涵、社会风气与国家治理等。男风只是这些研究的切入点、参照物和工具，研究的落脚点还是政治、法律、社会或文学。对此，潘光旦曾评价："在文人手里，这类现象不过是一种新鲜的话柄，可供铺张之用罢了，要寻觅比较细密的观察，比较翔实的记述，是不可得的。"① 简言之，由于材料所限，前人均未从男风实践者的角度进行研究，尤其忽略了对占人口多数的乡村社会中的男风实践者的研究。

因此，在前人研究的基础之上，也为解决前人研究留下的问题，笔者依靠司法档案材料，试图进一步推动清代男风问题的研究。根据明清时期大量笔记、小说等材料以及上文评述的前人研究，明清社会中存在的男风传统与文人的审美情趣、个人癖好及身份地位等相关。但是，与文人阶层好男风的丰富记载相比，关于占人口绝大多数的社会下层男性的男风传统的记载及研究却几乎付之阙如。究其原因，主要还是相关材料较少。而刑科题本中涉及鸡奸情节的案例，正好可以作为这方面的材料。

本书使用的核心材料是 19 世纪 1111 个涉及鸡奸情节的案件。关于这些史料的来源，谨做以下说明。首先，中国第一历史档案馆

---

① 《中国文献中同性恋举例》，潘乃穆、潘乃和编《潘光旦文集》第 12 卷，第 706 页。

内阁全宗数据库所藏档案的时间范围是天命前九年（1607）至宣统三年（1911），在这 305 年间共计藏有 2899179 条档案。其次，在这近 290 万件档案中，笔者所见涉及奸罪情节的档案共计 48539 条，其中既包括涉及男女之间强奸、拒奸、调奸、图奸、通奸、犯奸等情节的档案，也包括男男之间的鸡奸情节的档案。再次，在上述 48539 条奸罪档案中，涉及男男之间的鸡奸档案共计 3896 条，约占 8.03%。最后，在上述 3896 条涉及鸡奸情节档案中，属于 1800 年至 1898 年间（即本书研究的时间范围）的档案共计 1653 条，除去内容重复和原件缺损的档案，最终可利用的档案共计 1111 条，利用比为 67.21%。简言之，本文所使用的 1111 个鸡奸案件，就是笔者所见到的内阁全宗刑科题本数据库中 19 世纪涉及鸡奸情节的全部案例。

即便如此，在近百年的时间跨度中，在全国行政区划范围内，在三四亿人口规模下，千余件案例究竟能否体现或能在多大程度上体现清代男风传统，仍是一个不能回避的问题。对此，笔者想先解释鸡奸案件与男风传统之间的联系。

刑科题本中的鸡奸案件几乎都是由鸡奸行为或直接或间接所导致的命案，这是由刑科题本这类档案自身的特点所决定的，因此显然不能认为清代男风传统多与斗殴杀人等暴力行为相关。甚至完全可以做出反向推测，即在清代社会中肯定存在没有被录入刑科题本的男性之间的情欲与同性关系。事实上，笔者的目标正是试图从这些与鸡奸有关的暴力案件中，提取出清代男风传统中某些普遍性或一般性的特征，进而以此去解释清代社会中的男风传统，即通过鸡奸行为去观察男风传统。在这个意义上，从千余件鸡奸案例中或许可以看出清代男风传统的某些普遍特征。

　　为此，本书引用了大量细节丰富的个案并进行分析，主要目的也是想尽可能全面地展现多个类型主题下的典型个案，通过男风实践者自己的声音，表达他们的情感欲望、思维方式及行为动机等。① 这些个案完全不同于以往文人通过道听途说或杜撰想象而写下的笔记、小说、野史或其他类型的文艺作品。通过这些口述，也能够更直观地看出清代男风的实际情况。因此，本书所引用的个案均为不同类型主题之下的典型个案，而笔者也试图通过对这些典型个案的分析，来反映清代男风传统的一般特征。

　　此外，笔者也想通过完整呈现这些当事人自己的叙述，来让读者体会到我最初看到这些叙述时的感受。没有什么比阅读一二百年前的男风实践者的亲口诉说，能更为直接地了解他们了。每个人在阅读这些口述时，都会有自己的想法，而这种超越时空的精神互动，也正是笔者想要达成的目标之一。这既是本书在材料方面的最大特点，也是本书与前人研究相比的最大特点。

　　为了更好地利用这些刑科题本档案，本书对若干问题采取了量化统计的方法。具体而言，使用量化统计主要有客观和主观两方面考虑。在客观上，这是由刑科题本这类档案本身所具有的特点决定的，即当事人通过口供交代个人信息、社会关系、行为动机、情感变化、案情经过等内容。因此当面对相当数量的同类案件时，量化统计似乎就成了一个直接且可行的分析方式。在主观上，这是由研究思路所决定的。刑科题本中案件当事人的口供，既属于犯罪学上的供述材料，其内容和形式又有点像社会学的调查问卷。因此，当

---

　　① 赵世瑜曾说："历史研究不管以后为人如何解说、如何概括，都要建立在对人的关注、对人的生活细节的关注。"见赵世瑜《历史司法档案的利用与法史研究的不同取向》，《中国政法大学学报》2013 年第 6 期，第 27 页。

研究男风实践者这类人群时，不可避免地要从各个角度对其进行群体画像。于是，不论是从社会学还是犯罪学的研究思路来看，量化统计都是一个较为有效的工具。

随之而来的另一个问题是，量化统计的结论是否会随着相关案例的不断新出而受到影响？答案必然是未知的。假设日后出现同等数量规模的另一批案例，那么基于那批新案例的量化统计结果，既有可能与本书的结论相差较大，也有可能与本书的结论近似。这注定是一个需要不断发现新材料并通过实证分析才能解决的问题。

本书选取 19 世纪作为研究的时间范围，原因如下。首先，19世纪的中国社会在观念、习俗、生活方式等方面基本呈现了明清社会的风貌，而中国社会的种种传统也基本能够正常存在，包括男风传统。其次，社会传统属于中时段甚至长时段的问题，虽然战争或革命等突发性事件会在短期内造成一定的社会断裂，但传统的内在延续性却不会在短期内发生根本变化，尤其是在小农经济占据主导地位的广大乡村社会中。最后，西方的法学、医学、社会学、心理学、性学等各种新观念在 20 世纪大量涌入中国，并伴随着几乎持续不断的革命与战争，对中国的政治、经济、社会、观念等方面产生了全面深刻的结构性影响，中国社会的男风传统也被各种西方话语根据需要而拆解、拼装、重构，变得支离破碎、面目全非、自相矛盾。于是，在那之前的 19 世纪似乎就是了解中国男风传统的最后一个完整的世纪。

根据史书的记载及学者的考证，中国的男风现象早在先秦时期就已在帝王将相中存在。经过两千多年的发展，中国的男风传统在20 世纪之前已经蕴含了丰富的文化资源。但是经过 20 世纪中西文化全面深刻的冲突与交融，这个本土传统似乎已经隐没于历史长河之中。因此，当面对当代社会中的男风现象时，不管是学界还是社会大众，大多只能别无选择甚至不假思索地直接使用西方的同性恋话语，来代替那个似乎已经消散乃至被遗忘的本地男风传统。而当外来理论无法有效适用于本地问题时，本地的历史文化传统似乎可以作为另一种选择（alternative）而被重新认识。如果说本书有什么现实价值的话，也许就在于提供另一种源于本地历史的视角、策略或方案。

二 概念界定

本书依靠的核心材料是清代内阁刑科题本，即官方的法律文本。首先需要说明的是刑科题本中的"鸡奸"与各类文艺作品中的"男风"之间的关系。其次，由于刑科题本书写的特点，可以将鸡奸行为的主动者与被动者分别进行研究，因为双方代表了男风中两种不同的角色。

（一）男风与鸡奸

从古代各类文献可以看出，男风包括男性之间的同性情欲、同性关系及其所引起的社会现象和风气。不管是千余年前龙阳、断袖、分桃等典故，还是两三百年前清代文人士大夫宠幸娈童、相公、优伶，都说明男性之间的情感吸引是男风的重要标志之一。那么，如果男性之间只有性欲或性行为即鸡奸，是否算男风呢？根据明清社会上大量流传的各类劝善遏淫书与养生医书，"男淫"、"男色"或"龙阳"会"伤身"，这是男风被抨击的重要原因之一，而"伤身"就是因为男性之间发生了性行为。如：

> 龙阳六不可。丧威仪：淫污亵狎，颜面有靦。恭敬既丧，

羞恶亦珍。伤夫妇：弃尔结发，嬖彼少年。乖气致异，好恶有偏。混内外：若辈挑挞，有何行检。窃玉偷香，室人是染。渎神听：举头三尺，定有神明。嗔怒其秽，降罚非轻。防不测：律载鸡奸，王法班班。奸又近杀，躯命攸关。枯骨髓：非求尔后，妄泄尔精。愚哉是役，速戕其生。①

男淫罪孽，不知创自何人。既非阴阳配合之宜，又无莲步云鬟之媚。乖人夫妇，偏爱宠童者，必夫妇失好，奸人妻女，内外不分者，必男女相窃；耗人精血，亢阳极伤精血，且秽气入肾必成瞽疾；绝人子嗣，好此者精冷无子，为害不小……昆山诸景阳作书规俞门士曰："精为至宝，施之于人，尚能生人。留之于身，岂不自生。况施于女人，犹可生人，若施于男子，倍觉可惜。"狗彘相交，尚循牝牡，人求苟合，不辨雌雄，怪乎不怪？②

可见，不管是儒家从维护伦理道德的角度出发，还是道家从延年益寿的养生角度出发，他们否定男风的原因之一，都是男性之间发生了性行为，即清代法律文本中所说的"鸡奸"。

因此，中国古代的男风概念，不仅包括男性之间的情感关系，也包括男性之间的性关系。而刑科题本中的"鸡奸"，也就是法律文本对男风的表述。

试举一例。光绪十九年十二月的一天，在四川成都府新津县，

---

① 常熟顾泾同志氏藏《寿世慈航》卷 5《远色·龙阳六不可》，巴蜀书社 1992年影印《藏外道书》本，第 812 页。

② 孙念劬编《全人矩矱》卷 2《戒淫集说·先儒论说·戒狎顽童说》，巴蜀书社 1994 年影印《藏外道书》本，第 362 页。

十八岁的农民罗益汰赶集归来，在路边一间客店住下。与他同住一屋的是一个叫田桦莲的二十五岁农民，后者父母皆故，单身一人。二人平素"交好"。晚上，田桦莲与罗益汰闲谈，称对方"年轻好看"，"就向调戏"，将罗益汰"鸡奸"。此后，二人多次"奸好"。两个月后，罗益汰又被一个十九岁的农民罗坤山"鸡奸"。田桦莲并不知情。光绪二十年三月二十九日下午，田桦莲去罗益汰家，恰好撞见罗坤山将罗益汰"搂抱戏耍"。罗坤山起身就走。田桦莲则怒向罗益汰盘问，得知二人奸情后"呕气"，并禁止罗益汰再与罗坤山往来。四月十四日，田桦莲携带尖刀赴场修整。傍晚回家，在通济堰地方，与罗坤山撞遇。田桦莲遂向斥责，令他不准与罗益汰"鸡奸"。罗坤山亦怒骂田桦莲"霸奸"，并举拳殴打。田桦莲持刀反击，并杀死罗坤山。①

显然，这起发生于三个青年男子之间的情欲纠葛，就是隐藏于清代内阁刑科题本中的男风现象。

因此，清代刑科题本中的"鸡奸"一词包括三层含义：第一，《大清律例》中的一项罪名；第二，清代法律文本中对于男性之间的一种性行为的表述；第三，清代法律文本中对男风的一种表述。

（二）主动者与被动者

之所以将刑科题本案件中的鸡奸双方分为"主动者"与"被动者"，有如下两方面原因。

第一，从法律角度进行区分。清律对鸡奸行为的主动者，即强行鸡奸者或强奸未成者的判罚，与对被动者即和同鸡奸者的判罚，

①　内阁刑科题本，光绪二十二年三月十二日，中国第一历史档案馆藏，02-01-07-4247-008。本书引用档案皆为中国第一历史档案馆所藏，下不另注。

存在较大差别。

主动者就是"起意鸡奸"的一方，清律对其判罚主要有以下几种。其一，"强奸十二岁以下、十岁以上幼童者，拟斩监候。和奸者，照奸幼女虽和同强论律，拟绞监候"。即，如果主动者强行鸡奸年龄在十岁至十二岁之间的男童，那么主动者将被判以斩监候；如果男童是自愿配合被鸡奸即"和奸"的话，则主动者将被判以绞监候。其二，"若止一人强行鸡奸、并未伤人，拟绞监候；如伤人未死，拟斩监候"。即，如果主动者是单独一人对被动者实施强奸，同时被动者在被强奸过程中没有受伤的话，则主动者被判以绞监候；如果主动者在强行鸡奸过程中伤害了被动者，但并未致死，则主动者被判以斩监候。其三，"其强奸未成者，杖一百，流三千里"。即，主动者意图强行鸡奸被动者，但并未奸成的话，则主动者被判以杖一百、流三千里的刑罚。

被动者就是"拒奸"或"和奸"的一方。对于"和同鸡奸者"，清律的判罚是"和同鸡奸者，照军民相好例，枷号一个月，杖一百"。即，对那些愿意被主动者鸡奸的被动者来说，他们按照军民相好例，被判枷号一个月、杖一百。①

可见，清律对于主动者的判罚均是死刑或流刑之类的重刑，而对于被动者的判罚则只是枷杖之类的轻刑。惩罚力度的巨大差异，说明清代的立法者认定鸡奸案件中的主动者与被动者，在犯罪情节与社会影响的严重程度等方面均存在巨大差异。因此，在进行研究时就不能不对二者加以区别。

第二，从性别角色角度进行区分。在一段同性关系中，双方所扮

---

① 《大清律例》，天津古籍出版社，1993，第554页。

演的性别角色是不同的：主动者是"侵入"（penetrate）的一方，被动者是"被侵入"（penetrated）的一方。① 当然，这种区分也暗含着双方在权力关系上"支配"（domination）与"服从"（obedience）的强弱对比。②

这种男性之间性关系中的性别角色区分，潘光旦在 20 世纪 40年代已经发现。他指出，娈童即被动者一方，"成为同性恋的对象，固有其内在的理由，但恋他的人又是一些甚么人？这些人又是怎样来的？这些人和寻常不喜欢'南风'（即'男风'——引者注）的人又有甚么分别，这分别又从何而来？"③ 潘光旦通过梳理中国古代文献中关于"同性恋"的记载，指出中国古代所关注的"同性恋"绝大多数是被动者一方，比如龙阳君、董贤、弥子瑕等人，又或是娈童、相公、男宠等称呼，而对于主动去宠幸或喜好男风的男性则关注较少。因此，有必要将中国古代男风中的双方进一步细化为主动者与被动者两类。这也是笔者进行研究的起点。

需要说明的是，根据不同案情，本书中的主动者也会被称为求奸者、图奸者、强奸者、行奸者、施暴者等，而被动者也会被称为被奸者、拒奸者、和奸者、受害者等。

三　文献说明

本书所依靠的核心材料是中国第一历史档案馆所藏清代内阁刑

---

① 需要说明两点：第一，同性之间发生性行为时，双方的性别角色并非一成不变，也存在互换角色的现象；第二，同性之间性行为的方式并非只有肛交一种，只是在内阁刑科题本中均以肛交即"鸡奸"的形式出现。

② Matthew H. Sommer, *Sex, Law, and Society in Late Imperrial China*, p. 117.

③ 《中国文献中同性恋举例》，潘乃穆、潘乃和编《潘光旦文集》第 12 卷，第714 页。

科题本档案中涉及鸡奸者，时间上起嘉庆五年（1800），下讫光绪二十四年（1898），时间跨度99年，共计1111个案件。各个年份与省份的案件数分布如下表0-1。

从时间分布上看，虽然时间跨度有99年，但是咸丰十一年、光绪十七年、光绪十九年和光绪二十年这四年并没有案件，所以有案件发生的年份共95年。在这95年当中，平均每年发生11个案件左右。其中，每年发生案件数在12个及以上的年份共有39年，大部分在嘉庆和道光两朝；每年发生案件数在11个及以下的年份共有56年，大部分在咸丰、同治和光绪三朝。每年发生案件数20个及以上的有20年，都在嘉庆和道光两朝；每年发生案件数30个及以上的有3年，分别是嘉庆十八年的30个、嘉庆二十二年的34个以及道光十年的39个，其中道光十年发生的案件最多。道光二十六年是一个分水岭，这一年只有1个案件。在咸丰二年以后，每年发生的案件数就再没有达到过10个。从嘉庆五年至道光三十年，共发生902个案件，占全部案件的81.19%。因此在时间分布上，本书所考察的案件多发生于19世纪上半叶。

从案件的地区分布上看，本书所考察的19世纪的1111个案件分布在22个地区，平均每个地区发生50.5个案件。发生案件超过100个的省份有直隶（120个）、山西（133个）、河南（137个）、陕西（151个）和四川（176个），这五省共发生案件717个。再加上京师的19个案件和山东的55个案件，这几个地区的案件占全部案件数的71.2%。因此在地区分布上，本书所考察的案件有七成以上发生于黄河中下游流域与四川。

综上，本书涉及的案件在时间上大多分布于19世纪上半叶，在地区上大多分布于黄河中下游流域与四川地区的乡村社会。

　　本书的章节布局是笔者在研究清代男风方面的一次尝试，即以一次理论上完整的男风实践作为研究框架，而各个章节的逻辑顺序就是一次男风实践从开始到结束的各个发展阶段。构成这个理论上完整的男风实践的是千余件实际发生过的男风案例，根据这些案例在各自男风实践中所属的不同阶段及其所体现的不同特点，而将其分类置于男风实践的各个发展阶段，然后对各个阶段进行集中考察，这就是本书章节布局的思路。

　　具体而言，根据男风的内在动因与外在表现，本书分为上下两篇，上篇包括第一章至第四章，下篇包括第五章至第七章。上篇主要讨论存在于一名男性身上的内在的同性情欲，下篇主要讨论形成于两名男性之间的外在的同性关系。具体而言，第一章分析一次男风实践产生的最初原因或根本原因，即一个男性对另一个男性产生同性情欲的原因。之后，同性情欲有可能遭到拒绝，也有可能被接受。于是第二章就分析当同性情欲遭到拒绝后所产生的各种可能，主要侧重于对拒绝同性情欲的被动者一方的分析。第三章分析当一个男性的同性情欲遭到拒绝之后，主要会转变成哪些其他情绪，侧重于对主动者的分析。第四章则是对同性情欲特点的总结分析。当同性情欲被接受后，男风实践就从一个人的同性情欲转变成两个人的同性关系。于是后面三章就分析同性关系的各种问题。第五章探讨影响一段同性关系建立的因素，侧重于对主动者的分析。当同性关系建立后，第六章分析同性关系的主要表现类型。最后，第七章分析一次男风实践的结果，即同性关系结束的各种原因。

　　需要声明的是，由于本书所依靠的核心材料是内阁刑科题本，因此本书所考察的男风实践均以各种非和平的形式而结束，但这并不意味着清代男风均与暴力有关，下文会论及这点。

表0-1　本书利用清代刑科题本中涉及男风案件档案的时间和地域分布

年份	总数	京师	直隶	盛京	吉林	陕西	山西	山东	四川	河南	浙江	江苏	江西	安徽	广东	广西	湖北	湖南	贵州	甘肃	福建	云南	黑龙江
嘉庆五年	16	1	1	1		6		1	3	3	1												
嘉庆六年	10		3			1	1		2	2													
嘉庆七年	17		2			2	3	2	2	3	1	1							1				
嘉庆八年	26		1	3		5	3	2	4	3			1		1		1		1	1			
嘉庆九年	24	2				5	4	1	2	3	1		1		2	1	1	1	1	2			
嘉庆十年	18		3			3	3		3	2				1									
嘉庆十一年	23	2	2			1	3	1	4	1					3					2		1	
嘉庆十二年	20		1		1			1	4	1		1			3						1	1	
嘉庆十三年	24	1		3		1	2		8	2	1			1			4			1	2		
嘉庆十四年	25	2	3			7	2		3	2		1		1						1	1		
嘉庆十五年	8					1	1	1	5	7			1	1				1					
嘉庆十六年	17		2	2		2	3				1		1	1	1								
嘉庆十七年	18		2			3	3	1	1	3		2		1	1		2						
嘉庆十八年	30	1	3		1	5	6		4					1	3				1	1		1	
嘉庆十九年	5					1	1		2					1			1						
嘉庆二十年	5					1			1		1			1						2	1		
嘉庆二十一年	18	1	1		1	2	2	1	6	2			1	2	3		2						
嘉庆二十二年	34		2	3	1	6	4	2	7	4			1	2		1		2					
嘉庆二十三年	28		3	1	1	5	1	1	3	2			1	2					1	1			
嘉庆二十四年	24		2	1	1	3			4	3	1			1	2			2		2			

续表

年份	总数	京师	直隶	盛京	吉林	陕西	山西	山东	四川	河南	浙江	江苏	江西	安徽	广东	广西	湖北	湖南	贵州	甘肃	福建	云南	黑龙江
嘉庆二十五年	23		5	1		2	5	2	2	1			2		1		2						
道光元年	29	1	4	2		2	3	2	3	2		3		4	1		1	1			1		
道光二年	10			1		2	3		3	2	1			1			1	1	1	3		1	
道光三年	26	1	1			2	4	2	1	7	1	2		1	1		1		1	3		1	
道光四年	9					1	1	2	1		1				1			1		1		1	
道光五年	24		2			3	4	2	2	5			1		2			1		1			
道光六年	23		2			3	2	3	1	4		2								1	1		
道光七年	17				1	2			5	2			2	1			1			3	2		1
道光八年	17			1		3	3		2	3	1	1	2	1			1						
道光九年	26	1	4			1	2		4	8		1		1	1		1		1	2			
道光十年	39		6	3		6	3	4	6	5	1	2		1	2		1	1		1	1	1	
道光十一年	10		2			2	1	1	2	4							1	1		1			
道光十二年	15		2	1	2	2	1		3	2					1								
道光十三年	14		2			1	2	1	3	1									1	2			
道光十四年	8						2		3		1				1			1					
道光十五年	15		2		1	5			2	6		1		1						2			
道光十六年	26		3			3	2	2	6	6				2	1					1		1	
道光十七年	13		1		1	3	2		4	2								1				1	
道光十八年	9					1	1		2	2		1		1								1	
道光十九年	19		1		1	4	4		2	3				1								2	

续表

年份	总数	京师	直隶	盛京	吉林	陕西	山西	山东	四川	河南	浙江	江苏	江西	安徽	广东	广西	湖北	湖南	贵州	甘肃	福建	云南	黑龙江
道光二十年	16		1			4	5	1		1					1			1		1	1		
道光二十一年	20		1	2		2	6	4	2	1								1		1			
道光二十二年	17		2	2		1	4		5	3													
道光二十三年	17	1		1	2	2	2	1	1	2		1	1	2	1								
道光二十四年	26		2	1		2	1		4	3	1	1		4					1	3	2	1	
道光二十五年	13			1		5	1	1		1			1	2						1			
道光二十六年	1						1																
道光二十七年	11		1			5	1	2		2													
道光二十八年	3					2	1																
道光二十九年	6		3				2										1						
道光三十年	10				1	4		1	4														
咸丰元年	12	2	1	1		2			1	1				2						1			1
咸丰二年	13		3		1	1			6					1			1						
咸丰三年	8		5	1		1	1																
咸丰四年	7		2	1			1		1	1										1			
咸丰五年	8			1		2	2			1				2									
咸丰六年	5						4		1														
咸丰七年	7						4		2	1													
咸丰八年	2									2													
咸丰九年	1								1														

续表

年份	总数	京师	直隶	盛京	吉林	陕西	山西	山东	四川	河南	浙江	江苏	江西	安徽	广东	广西	湖北	湖南	贵州	甘肃	福建	云南	黑龙江
咸丰十年	3	1	2																				
同治元年	3		1							1										1			
同治二年	4			1		1	1			1													
同治三年	4					1	1		2														
同治四年	4				1			1	2														
同治五年	4		2			2																	
同治六年	7		2					4		1													
同治七年	9		1			2	2		1	1											1		1
同治八年	3			1				2															
同治九年	8		2		1	1	1		1	1								1					
同治十年	5		2			1	1		1														
同治十一年	5				2		1	1		1													
同治十二年	2					1	1																
同治十三年	4					1	1		1						1								
光绪元年	7		1	1		2				2								1					
光绪二年	6		3			1				1											1		
光绪三年	7		2			1	1	1	2														
光绪四年	7		2			1			2			1						1					
光绪五年	1																						
光绪六年	1				1																		

续表

年份	总数	京师	直隶	盛京	吉林	陕西	山西	山东	四川	河南	浙江	江苏	江西	安徽	广东	广西	湖北	湖南	贵州	甘肃	福建	云南	黑龙江
光绪七年	9		1						2	2													
光绪八年	3			1	2		1		1														
光绪九年	4		1				1		1	1													
光绪十年	6		1		1		1		2	1													
光绪十一年	2				1				1														
光绪十二年	3		1	1		1				1													
光绪十三年	4		1	1		1			1	1													
光绪十四年	1									1													
光绪十五年	2		1							1													
光绪十六年	3		1							2													
光绪十八年	1							1															
光绪二十一年	3		1						2	1							1						
光绪二十二年	5					1			1	1		1			1								
光绪二十三年	2									1													
光绪二十四年	4		1	1					2														
总计	1111	19	120	45	26	151	133	55	176	137	17	25	17	37	30	2	23	19	10	42	14	9	4

表0-2　本书利用清代刑科题本中涉及男风案件档案的年号和地域分布

年号	总数	京师	直隶	盛京	吉林	陕西	山西	山东	四川	河南	浙江	江苏	江西	安徽	广东	广西	湖北	湖南	贵州	甘肃	福建	云南	黑龙江
嘉庆	413	12	35	16	4	61	48	19	70	42	8	7	13	11	20	2	13	6	5	14	5	2	
道光	489	4	42	17	9	69	58	27	68	70	9	16	4	23	8		8	10	5	25	8	7	2
咸丰	66	3	13	4	2	7	11		12	7				3			1			2			1
同治	62		13	2	6	5	9	8	9	6					1			1		1			1
光绪	81		17	5	5	9	7	1	17	12		2			1		1	2		1	1		1
总计	1111	19	120	45	26	151	133	55	176	137	17	25	17	37	30	2	23	19	10	42	14	9	4

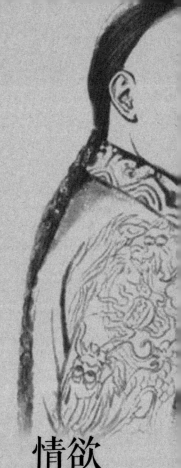

上篇　情欲

第一章　情欲的产生

本章主要分析男风实践发生的原因，即主动者对被动者产生同性情欲的原因和时机。根据当事人口供所提供的信息，笔者对同性情欲产生原因的分析主要从年龄角度入手，对同性情欲产生时机的分析主要涉及客观环境和主观因素。

第一节　产生的原因

在主动者谈及对被动者产生情欲的原因时，涉及最多的是年龄和外貌。关于年龄的表述有"年轻""年幼""年少""年小"等，关于外貌的表述有"貌美""干净""俊俏""洁净""清秀""可爱""好看""端好""俊秀"等。而在相当比例的表述中，这两点是合在一起说的，如"年轻貌美""年幼俊秀""年轻可爱"等。可见，被动者的年龄是了解主动者情欲产生的一个重要切入点。下面考察一下被动者的年龄。

一　全部被动者的年龄

在全部 1111 个案件中，有 1082 个被动者有年龄信息，共分布在 36 个年龄点上，其平均年龄为 19.14 岁。其中，最幼者 4 岁，最长者 55 岁。表 1-1 是全部被动者年龄的分布状况。

表 1-1 全部被动者年龄人数分布

单位：人

年龄（岁）	人数	年龄（岁）	人数	年龄（岁）	人数	年龄（岁）	人数
4	1	13	32	22	72	31	5
5	4	14	45	23	59	32	5
6	7	15	58	24	47	33	5
7	11	16	68	25	36	34	1
8	12	17	87	26	30	35	4
9	9	18	95	27	17	37	4
10	16	19	87	28	20	39	1
11	25	20	87	29	14	43	1
12	26	21	84	30	6	55	1

由表 1-1 可知，在全部被动者中，14~24 岁每个年龄均超过 40 人，其中 17~21 岁每个年龄均超过 80 人。可见，在这个年龄段之内的被动者最吸引主动者。需要说明的是，被动者的年龄不一定是他们遭遇另一个男性图奸的"初始年龄"，但可以视为他们最吸引好男风者的"魅力年龄"。

作为对比，接着统计一下全部主动者的年龄。在全部 1111 个案件中，有 1017 个主动者有年龄信息，共分布在 54 个年龄点上，其平均年龄为 34.21 岁。其中，最年轻者 12 岁，最年长者 68 岁。表 1-2 是全部主动者的年龄分布状况。

表 1-2　全部主动者年龄人数分布

单位：人

年龄（岁）	人数	年龄（岁）	人数	年龄（岁）	人数	年龄（岁）	人数
12	1	28	38	42	24	56	2
15	2	29	45	43	13	57	3
16	4	30	61	44	14	58	3
17	12	31	46	45	20	59	3
18	10	32	44	46	20	60	2
19	17	33	36	47	16	61	2
20	21	34	39	48	21	62	4
21	13	35	45	49	5	63	1
22	18	36	34	50	16	64	2
23	27	37	46	51	7	65	2
24	40	38	32	52	7	66	1
25	27	39	21	53	11	68	1
26	33	40	34	54	7		
27	35	41	20	55	9		

由表 1-2 可知，在全部主动者中，23~42 岁每个年龄均超过 20 人，其中 26~38 岁每个年龄均超过 30 人。可见，在这个年龄段之间的主动者在追逐同性方面最为活跃。因此，全部主动者的平均年龄亦可看作其同性情欲与同性活动最为频繁的"活跃年龄"。

然后就是主、被动者双方的年龄差，即主动者年龄减去被动者年龄的差值。在全部 1111 个案件中，共有 996 对主动者和被动者的年龄信息是成对出现的，即有 996 个年龄差样本。其中，主动者年龄大于被动者的有 972 对，主、被动者双方年龄相同的有 10 对，主动者年龄小于被动者的有 14 对。

值得注意的是，在统计双方年龄差时，笔者并未直接用全部主动者的平均年龄减去全部被动者的平均年龄，而是将每一段同性关系中双方的年龄差作为单独数据进行统计。笔者认为这样统计更为具体化，也更能接近实际状况。

通过计算，主、被动者平均年龄差为 15.43 岁。各年龄差的人数分布如表 1-3 所示。

表 1-3　全部年龄差数量分布

单位：岁，对

年龄差	对数	年龄差	对数	年龄差	对数	年龄差	对数
-9	1	8	42	23	24	38	6
-8	1	9	36	24	22	39	3
-7	1	10	42	25	24	40	4
-6	2	11	61	26	16	41	1
-4	1	12	52	27	11	42	1
-3	1	13	44	28	10	43	1
-1	7	14	41	29	12	44	1
0	10	15	46	30	12	46	1
1	18	16	44	31	7	47	1
2	22	17	29	32	13	48	1
3	28	18	35	33	4	50	1
4	25	19	19	34	6	55	1
5	32	20	35	35	9	—	—
6	24	21	33	36	5	—	—
7	43	22	20	37	4	—	—

从表 1-3 可知，15 岁左右的年龄差是清代男性之间同性关系中较为常见的年龄结构模式，这体现了主动者与被动者在人生阅历、社会经验、身份地位、财富积累甚至身体力量等方面的强弱关系。由于这些或明或暗的优势，主动者就会去追逐那些吸引他的被动者，而不管结果成功与否。

二 年轻好看的被动者的年龄

"年轻"固然无法作为判断具体年龄的依据，而且不同人对"年轻"的感觉也不尽相同，但可以将所有主动者口中的"年轻"被动者的年龄统计出来。主动者因为被动者"年轻"或"年少"等相似原因而"顿萌淫念"的案件有217个，占全部案件的19.53%。需要指出的是，在其他未出现"年轻"等词的案件中，并不表示此类原因不存在。

如发生于嘉庆十一年九月广东省普宁县的一起案件。主动者是43岁的单身男子林阿顺，被动者是16岁的孤儿周阿姆，两人邻村熟识。据林阿顺供："嘉庆十一年九月初六日午后，小的同族人林阿管赶墟转回，适周阿姆赴山捡柴，从小的村前经过。小的见他年轻，起意哄诱鸡奸。"[①]

在这217个案件中，有185个被动者有年龄信息，其年龄分布如表1-4所示。

表 1-4 "年轻"被动者年龄人数分布

单位：人

年龄（岁）	人数	年龄（岁）	人数	年龄（岁）	人数	年龄（岁）	人数
5	1	12	9	17	19	22	6
8	3	13	12	18	11	23	4
9	4	14	16	19	13	24	4
10	4	15	27	20	8	25	3
11	11	16	20	21	8	27	2

---

① 内阁刑科题本，嘉庆十七年三月二十八日，02-01-07-2465-006。

经过计算，这些"年轻"被动者的平均年龄为 16.13 岁，比前文统计的全部被动者的平均年龄 19.14 岁要年轻约 3 岁。

然后是"好看"的被动者的年龄。同样，在未出现"好看"等描述的案件中，并非不存在此类原因。如发生于光绪五年十一月盛京承德县的案件。主动者是佣工计里，被动者是其邻居王小二。案情如下。

> 计里佣工度日，给旗人荣彬家照管，与王小二和好无嫌，同在窝棚存住，一炕睡歇。计里见王小二年轻貌秀，心生爱慕。光绪五年十月初一日半夜，王小二赤身在炕睡熟，计里起意鸡奸。①

主动者因为被动者"好看"而起意的案件共有 46 个，其中有 43 个被动者有年龄信息，其年龄分布如表 1-5 所示。

表 1-5　"好看"被动者年龄人数分布

单位：人

年龄（岁）	人数	年龄（岁）	人数	年龄（岁）	人数	年龄（岁）	人数
5	2	10	2	14	7	18	1
6	3	11	2	15	1	19	1
8	2	12	5	16	1	21	1
9	4	13	4	17	6	24	1

经过计算，这些"好看"的被动者的平均年龄为 12.72 岁，比上述"年轻"的被动者要更年幼近 3 岁半。可见，那些主动者

① 内阁刑科题本，光绪七年五月二十六日，02-01-07-4046-018。

口中所谓"好看"的被动者，大多是年幼的男孩。

值得注意的是，在全部案件中，并没有出现关于"好看"的具体描述，只有两起案件略微提到了被动者的相貌特点。

其一发生于同治八年四月陕西洛南县，被动者刘化漾是 23 岁的佣工，主动者是 40 岁的不知姓名人，两人素不相识。案情如下。

> 同治八年四月二十日，刘化漾自外探亲转回，行至张家村，时已傍晚。刘化漾因距家尚远，即至张漾店内投宿。适有不知姓名人走至，亦欲投住。张漾回称歇客甚多，住宿不开。刘化漾及不知姓名人皆央其设法腾挪，张漾随将刘化漾等领至店外空房内安置各散。刘化漾等复往向张漾赁取盖被，张漾因无多余，仅给棉被一床，令刘化漾等二人同用。刘化漾等回房，均因行路困乏，随各上炕，脱去上身衣服，同铺睡宿，彼此未问明姓名。二更时分，不知姓名人乘刘化漾睡熟，潜至刘化漾身后，拉裤搂抱图奸。刘化漾惊醒挣起，向其斥骂。其人仍向拉抱，并称刘化漾年轻，好像唱旦模样。[1]

其二发生于光绪十年正月直隶饶阳县，被动者是 30 岁的佣工段二，主动者是 29 岁的同铺工人刘洛湿，二人素好没嫌，向来同炕并铺睡宿。段二供称：

> 光绪九年十二月不记日子夜里，小的在炕睡熟，刘洛湿把小的裤子拉下正要鸡奸，小的惊醒，刘洛湿歇手躲避。小的气

---

[1] 内阁刑科题本，同治九年十月二十六日，02-01-07-3703-002。

忿，因是丑事，只得隐忍，也没声张。十年正月二十八日夜起更时候，刘洛湿先已在炕脱衣躺卧，小的进屋上炕正要睡宿，刘洛湿坐起说小的生有女色，前次图奸不成，今日酒醉，定要合小的奸宿，并说情愿给钱的话，向小的调戏。①

在这两起案件中，主动者眼中的被动者的相貌特点是"唱旦模样"和"生有女色"，可见被动者吸引主动者的原因是相貌具有女性特点。其实，描述好看的被动者的"俏"和"秀"等词，在明清各类文学作品中也更多用于形容女性的容貌。那么，虽然无法判断具有女性相貌特点的被动者在全部案件中的实际比例，但结合中国古代尤其是清代的各类笔记小说的描述，可以推测由于相貌像女性而吸引其他男性注意的年轻男性应该不在少数。

通过上述统计分析可知，在清代乡村中，一些年约 34 岁的中年男性会被比自己年轻约 15 岁的青年男性吸引；其中一部分中年男性更青睐年约 16 岁甚至 12 岁多的青少年男性或男童；还有一部分中年男性会被容貌具有女性特点的男性所吸引。在上述吸引的作用下，这些中年男性的同性情欲开始产生。

第二节　产生的时机

同性情欲产生的时机是指促使主动者的情欲成为行动即图奸的条件或情况。并非所有主动者都会说明其采取行动的时机，甚至有

---

① 　内阁刑科题本，光绪十六年七月初二日，02-01-07-4188-003。

些时机是结合其口供的语境分析得出的。经过分析，情欲产生的时机主要可以分为三种：四下无人、被动者睡熟、主动者酒后。当然，这三种时机也会两两结合，甚至同时出现。

一 四下无人

四下无人，即不管在户外还是在室内，主动者与被动者二人在某一段时间内是独处状态。

如发生于同治十三年七月陕西平利县的案件。主动者是 17 岁的曾吼包，磨卖豆腐营生；被动者是 7 岁的周幅生。两人同街素识。案情如下："同治十三年七月初十日早，曾吼包磨豆腐毕，赴街北院墙后出恭，瞥见周幅生身穿开裆裤，在熊姓包谷地边寻菜。曾吼包因四顾无人，顿萌淫念，起意图奸。"①

在笔者考察的绝大多数案件中，主动者是在四下无人之时才对被动者采取求奸行动的。案件中的相关表述有"四处无人""四下没人""四顾无人""四顾没人""屋里没人""地方偏僻""夜静无人"等。如一个主动者图奸被动者时说道："这野地里并没邻居，不怕你喊叫。"②

根据主动者口供可知，他们明白自己对同性的情欲是不能被旁人发现的，因为有来自法律与道德的双重压力。

如一个主动者供称，当他在鸡奸一个被动者时，被动者"说小的不该向他图奸，定要回家投人告官，把小的治罪。小的因图奸不从，恐怕被控，到官受罪"。③ 又如另一个主动者供称，当他在

① 内阁刑科题本，光绪元年十一月十一日，02-01-07-3967-004。
② 内阁刑科题本，嘉庆五年十二月初六日，02-01-07-2132-005。
③ 内阁刑科题本，道光十六年六月十六日，02-01-07-3179-009。

鸡奸一个被动者时，被动者"惊醒挣起，坐在床上，不依喊骂。小的怕人知道，没脸为人，急忙把衣服穿好，向他哀求"。①

这些案件说明，有些男性知道，自己图奸同性或强奸同性的行为一旦被旁人知道，或者会被告官治罪，接受法律的制裁，或者会没脸为人，受到名声上的污辱与道德上的谴责。但即便如此，这些男性依然会在四下无人时受同性情欲的驱使去试图鸡奸，这似乎说明这些男性的同性情欲只是隐藏在内心深处，一旦四下无人，他的情欲就会爆发出来，暂时不顾法律的限制与道德的约束。

二 被动者睡熟

被动者睡熟，也包括被动者因酒醉而睡熟的情况，即被动者处于无意识且无防备的状态。主动者趁被动者睡熟时才敢采取图奸行动，说明主动者明白被动者在意识清醒时是会拒绝自己的，因此这种情况大多出现在被动者拒奸主动者的案件中。

如发生于嘉庆十七年八月陕西麟游县的案件。主动者是 29 岁的王信，被动者是 21 岁的宋三狗子，两人受雇为周泳长家做工，每晚同在窑内一炕歇宿，素好无嫌。宋三狗子供称："嘉庆十七年八月二十八日三更时候，王信乘小的睡熟，从后搂抱小的，硬要鸡奸。小的惊醒，用力挣脱叫骂，并未成奸。"②

在全部案件中，共有 193 个案件中的主动者是趁被动者睡熟时采取求奸行为的，其中 154 个案件的被动者在惊醒后拒止了主动者的进一步行动，即被动者拒奸成功；而剩下的 39 个案件中的被动

① 内阁刑科题本，道光二十二年六月二十二日，02-01-07-3324-008。
② 内阁刑科题本，嘉庆十八年三月二十二日，02-01-07-2493-017。

者则遭到主动者强行鸡奸，即主动者鸡奸已成。那么，这 193 个主动者为什么要趁被动者睡熟时才采取求奸行为？下面还是从最直观的双方年龄对比入手分析。

首先统计 193 个睡熟被动者的年龄信息。这其中有 171 人有年龄信息，平均年龄为 21.57 岁，其中最幼者 8 岁，最长者 39 岁。其年龄分布如表 1-6 所示。

表 1-6 "睡熟"被动者年龄人数分布

单位：人

年龄（岁）	人数	年龄（岁）	人数	年龄（岁）	人数	年龄（岁）	人数
8	1	18	6	25	8	32	1
11	2	19	14	26	8	33	1
13	4	20	17	27	8	34	1
14	4	21	11	28	7	35	2
15	4	22	20	29	3	39	1
16	7	23	13	30	2		
17	16	24	9	31	1		

接着统计相应主动者的年龄信息。这其中有 161 人有年龄信息，平均年龄为 35.14 岁，其中最年轻者 16 岁，最年长者 58 岁。其年龄分布如表 1-7 所示。

表 1-7 被动者"睡熟"情况下主动者年龄人数分布

单位：人

年龄（岁）	人数	年龄（岁）	人数	年龄（岁）	人数	年龄（岁）	人数
16	1	22	2	27	4	32	6
17	1	23	3	28	5	33	2
18	1	24	7	29	10	34	10
19	3	25	3	30	11	35	4
20	3	26	1	31	11	36	6

续表

年龄（岁）	人数	年龄（岁）	人数	年龄（岁）	人数	年龄（岁）	人数
37	6	42	4	47	2	54	1
38	4	43	2	48	2	55	1
39	3	44	4	50	5	57	2
40	14	45	1	52	4	58	1
41	6	46	3	53	2	—	—

上述主动者与被动者之间共有 161 对年龄差信息，其平均年龄差为 13.5 岁，其中，有 6 个主动者年龄小于被动者，4 对同龄，剩下 151 对都是主动者年长于被动者。其年龄差分布如表 1-8 所示。

表 1-8　被动者"睡熟"情况下双方年龄差数量分布

单位：岁，对

年龄差	对数	年龄差	对数	年龄差	对数	年龄差	对数
-7	1	7	9	18	4	28	1
-6	1	8	7	19	2	30	4
-1	4	9	2	20	6	31	1
0	4	10	4	21	7	32	1
1	3	11	10	22	3	34	2
2	5	12	8	23	3	38	1
3	12	13	7	24	4	40	1
4	2	15	8	25	5	—	—
5	5	16	8	26	3	—	—
6	3	17	7	27	3	—	—

通过上述年龄对比可知，睡熟被动者平均年龄（21.57 岁）比全部被动者平均年龄（19.14 岁）年长近两岁半，而相应的主动者平均年龄（35.14 岁）比全部主动者平均年龄（34.21 岁）只年长近一岁。那么整体而论，睡熟被动者在社会经验和身体力量等方面

与相应主动者之间的差距较小。因此，一部分主动者选择趁被动者睡熟时才求奸，说明他们认为在正常情况下，自己无法仅靠体力强迫对方就范。

作为补充，下面考察一下主动者的求奸时刻，即主动者通常会在一天中的什么时候对目标对象采取求奸行动。

在全部1111个案件中有1205个求奸行为（因为有的案件中不只有一个求奸行为）。其中说明时刻的求奸行为有668个，如求奸发生在"早饭后""晌午""午后""下午""傍晚""半夜""三更"等。

经过统计，共有497个求奸行为发生于夜晚，即发生于"夜""晚""半夜""夜深"等，以及"一更"到"五更"等时刻，占说明时刻的求奸行为的74.4%。另有69个求奸行为发生于傍晚，即发生于"傍晚""黄昏""挨黑""将晚"等时刻，占说明时刻的求奸行为的10.33%。

由此可以推测，在说明求奸时刻的求奸行为中，发生在夜晚的比例较高。这其中既有前半夜的吃饭、喝酒和闲谈等放松情绪的交流，也有后半夜趁目标对象睡熟甚至喝醉后的求奸。

三 主动者酒后

主动者酒后，即主动者自称"无德"或"糊涂"，以此为其求奸行为开脱。

如发生于嘉庆二十年四月甘肃金县的案件。主动者是29岁的单身男性陶重喜子，务农度日；被动者是5岁的李三姓娃。两人常一起玩耍。陶重喜子供称："嘉庆二十年四月二十五日，小的往连搭沟寻人未遇，在店里喝酒醉了，走到街上，见李三姓娃手拿柳花顽耍。小的拉住亲嘴，一时酒后糊涂，起了淫念，想要奸他。"①

当然，主动者也会把目标对象灌醉后再采取行动。

如发生于光绪二十三年十月四川崇庆州的案件。主动者是 23 岁的陈育生，平日不务正业；被动者是 16 岁的邵老幺，娶妻没生子女。两人素识没仇。邵老幺供称："光绪二十三年十月初四日，小的与陈育生在分州地方看戏。天晚赶不回家，同赴傅丰镒店内投宿。陈育生买酒，邀小的同饮，把小的劝醉，扶卧房内床上，将门虚掩。那夜二更时，陈育生乘小的酒醉睡熟，扯落小的中衣鸡奸。小的因酒后力弱难拒，致被奸污。酒醒后悔恨没及，斥骂陈育生不是。陈育生许给资本贸易，长与奸好。小的不依拒绝。"②

从上述案件可知，有些主动者绝非"酒后糊涂"，而是早已锁定目标对象，甚至制定计划，然后逐步推进：二人同行外出，夜晚无法回家，只能一起住店，灌醉目标对象，之后奸污对方，利用对方不敢声张的心理，利诱对方与自己保持长期关系。

由此可以推测，主动者酒后求奸大致分为两种情况：一是有些主动者内心深处原本就存在着对同性甚至男童的欲望，只是平时隐藏在法律和道德伦理的限制之下，只有当酒精麻痹这些精神上的自我限制后，那些被隐藏或压抑的同性欲望才会脱笼而出；二是有些主动者明白自己对同性存在欲望，而酒只是他用来灌醉目标对象从而满足自己欲望的一个工具。

---

① 内阁刑科题本，嘉庆二十年十二月初九日，02-01-07-2590-012。
② 内阁刑科题本，光绪二十四年九月初四日，02-01-07-4272-012。

小　结

通过上述分析可知，男性同性情欲的产生时机一般是在二人独处时，不管户外或室内，因为此时法律与道德的限制作用较小；主动者的求奸行为多发生在夜晚，尤其是趁目标对象睡熟之后；有时主动者会在酒后释放内心的欲望，或趁双方一起喝酒时故意灌醉目标对象，以便减少对方对其求奸行动的阻力。

第二章　情欲的拒止

当主动者的同性情欲产生之后，就会向被动者表示出来，即向被动者求奸。被动者面对主动者求奸时的反应分为两类：拒绝即拒奸、接受即和奸。本章先讨论被动者拒奸的情况，即被动者对主动者同性情欲的各种拒止反应。另外，被动者在拒奸后有可能被主动者杀害，因此，本章主要讨论被动者拒奸且未被杀害的情况。

情欲的拒止大致分为六类：一是被动者遭遇求奸时当场拒绝，并杀死主动者，即被动者拒奸杀人；二是被动者遭遇求奸后选择隐忍；三是被动者遭遇求奸后选择报复；四是被动者遭遇求奸后由旁人报官；五是主动者求奸后被旁人杀死；六是被动者遭遇求奸后自杀。

第一节　被动者拒杀

被动者拒杀，是指被动者在面对主动者求奸之时，立即拒绝并反抗，最终造成主动者当场死亡或伤重不治。被动者此种行为在刑科题本中被称为拒奸杀人。被动者拒杀一般是当场反应，即被动者在第 n（n≥1）次遭遇主动者求奸时的当场反应。被动者拒杀和报复之间的区别在于，拒杀是遭遇求奸时的情急反应，而报复则是在遭遇求奸之后由于心里不甘而采取的有预谋的报复行为。简言之，拒杀是当时反应，而报复是事后反应。

根据案情，被动者拒杀可分为四种情况：被动者初遭图奸即杀害主动者，被动者屡遭图奸才杀害主动者，被动者被鸡奸后杀害主动者，被动者遭遇求奸后因他故杀害主动者。以下分别举例说明。

一　被动者初遭图奸即杀害主动者

这种情况是指被动者在第一次遭到主动者意图鸡奸时就进行反抗，并致使主动者身死。

如发生于道光七年四月盛京义州的案件，主动者是 31 岁的单身男性赵双喜，时为义州镶黄旗巴彦佐领旗兵；被动者是 21 岁的单身男性王广义，时为义州镶黄旗巴彦佐领下汉军马兵。两人认识相好，并无仇隙。王广义供称：

> 四月初一日，小的进城当差。十六日，蒙本官差派小的下屯传人。晌午时候从小的屯里走过，顺便到家看望。母亲叫小的住下，明日再去罢。下晚时，赵双喜来到小的家里。小的领他到上屋里见了母亲，说了几句话。小的向母亲商量，要留赵双喜吃饭，母亲应允，就在外屋里做菜。小的烫酒，合赵双喜吃完酒饭，天就黑了。赵双喜不能进城，小的留他存住。点灯时，母亲把嫂子叫到上屋里，合母亲同住，叫小的陪着赵双喜

在西厢房里存宿。小的把房门关上，在炕西头给赵双喜铺了一床棉被。赵双喜脱了浑身衣服，连褡包小刀都放在身旁睡下。小的在炕东头，脱了衣服，把棉袍盖在身上，吹灯睡觉。到半夜时，小的睡梦中觉着有人揭开棉袍，从身后把小的搂住。小的惊醒，回头瞧看，月光照见是赵双喜光赤身子要合小的行奸。小的不依，挣脱坐起。赵双喜说，你若不肯，就用刀杀你。小的正要下炕，不料赵双喜就用小刀戳了小的右脚心一下。小的左脚往前一伸，赵双喜又用刀戳了小的左脚面一下。小的情急，用右手使劲夺过刀子，把右手心、手指划伤。小的就用小刀在他脸上、身上戳了几下，他用左手夺刀，小的又用刀把他左手腕戳划伤的。赵双喜说，将来伤好，定要强奸。小的一时气忿，起意把他戳死，就用刀在身上腿上乱戳了十几下。他身子在炕上乱滚，把他合面、脊背、后肋、左臀都戳伤了。赵双喜躺着不动，小的住手，把刀子扔在地上。小的穿上衣服，开门走到上屋里叫门，母亲开门，小的进屋，跪在地上，向母亲告诉缘故，母亲气的浑身发战。那时嫂子孟氏也惊醒起来，打火点灯。母亲就走到后院里，把伯父王泳珠叫过来，向小的查问了缘故，也不敢到西屋里瞧看。天将亮时，王泳珠就去通知乡保们到来，进去瞧看，说赵双喜已因伤身死。乡保们把小的绑上，进城呈报的。①

在本案中，王广义与赵双喜一同当兵，相好无仇。赵双喜晚上到王广义家里串门，而王广义也招待他喝酒吃饭。赵双喜因天晚无

---

① 内阁刑科题本，道光八年四月十三日，02-01-07-2960-019。

法回家时，王广义留他在家一同过夜。但是，当赵双喜意图趁夜深鸡奸王广义时，立即遭到王广义拒绝。而赵双喜想要持刀威逼对方就范，但王广义激烈反抗，随后失手杀死赵双喜。可以看出，两人即便平日交好，但只要一方意图鸡奸另一方，另一方就会几乎出于本能般地立即反抗，而被动者对鸡奸的反抗强度足以杀死图奸他的主动者。

被动者为何会在遭遇图奸时产生如此激烈反抗，甚至不惜杀死主动者呢？下面的案件或可给出一定解释。该案发生于咸丰六年四月四川邻水县，主动者是成容，被动者是冯新沅，两人素识无仇。冯新沅之母杨氏改嫁于成容之侄，共同居住。案情如下：

咸丰六年正月十六日，成容借用冯新沅钱一千六百文未偿。四月二十五日，冯新沅往向成容索讨欠钱。成容无力，央缓，冯新沅应允。成杨氏因天色已晚，即留冯新沅与成容同床歇宿。三更后，成容抱住冯新沅，估欲鸡奸。维时灯亮未熄。冯新沅气忿，将成容推跌在地，下床顺携桌上菜刀向砍。成容坐地，双手夺刀，致伤其左手心并右手大拇指相连手心。成容嚷骂，辱及冯新沅父母。冯新沅因被其糟蹋后难见人，一时忿激，起意将其致死。[①]

在本案中，被动者仅被图奸就认为自己已被糟蹋而难见人。那么可知，对于有些人而言，遭遇图奸即等于耻辱，而这种耻辱的程度，足以让他在一时激愤之下杀死对方。

---

①　内阁刑科题本，咸丰七年六月二十四日，02-01-07-3554-007。

二 被动者屡遭图奸才杀害主动者

被动者的这种反应和报复的区别在于，报复是事后的主动行为，而这种反应依然是在遭遇图奸时的被动反击。

如发生于嘉庆十三年七月奉天府开原县的案件，主动者是34岁的戴姓，卖工度日；被动者是22岁的李名江，从山东德州到开原县各处卖工。两人之前并不认识。李名江供称：

> 七月二十二日晚上，小的回店，看见这戴姓也在商可名店里存住。小的问他姓名，他说姓戴，到开原来卖工的。戴姓也问小的姓名，小的说："我叫李名江，也在这里寻工的。"才合戴姓认识起的。二十二日起更后，小的合戴姓还有商可名、李文显同在东山墙下南北炕上睡觉。小的睡在炕南，戴姓睡在小的身子北首，商可名睡在戴姓北首，李文显睡在炕北。约有半夜时，小的睡梦里觉得有人摸小的身子，小的随即醒来，问是谁，也没人回答，只听戴姓缩回手去，戴姓并没喷声。小的只道戴姓睡梦里睡得猛了的缘故，也就睡了。二十三日早上，小的合戴姓起来，各自卖工去了。到晚上回店，起更后，商可名关好门窗，吹灭油灯。小的合戴姓、商可名、李文显四人，仍旧同炕照样睡觉。约有半夜时，小的睡梦里觉得有人挨拢小的身子，用手摸小的臀上。小的惊醒，只道是戴姓，用手把他推开。戴姓叫小的同他睡觉，要奸小的。小的不依混骂。戴姓回骂，赤身下炕，用手揪住小的发辫。小的也赤身下炕，在炕下地上揪打起来，都没成伤。商可名、李文显惊醒，起身点灯。商可名拉开小的查问，小的说戴姓要图奸小的，才打起架

来的。商可名当时说戴姓混账，怎么想糟蹋人呢。戴姓叫商可名不要管闲事，商可名劝小的不要言语了，搬到炕北首去睡罢。小的就挪到李文显身子北首去睡宿。大家仍旧睡了。二十四日早上，小的起来，戴姓先已出屋，只见商可名、李文显在屋里做活计，小的也就出店去寻工。没有雇主，小的进城闲走。到晌午时回店，在店里买了四个馒头吃了。后来小的又出店去闲走。到日将入时，小的回店坐了一会。日入时走出店门外西首秫秸障前，看见戴姓像酒醉的样子，从南首走近小的身前。戴姓拉住小的左手，向小的说："我们到西罗城里同去睡觉罢！"小的因二十三日夜里，戴姓要图奸小的，那日又叫小的同去睡觉的话，小的挣脱左手，随即混骂，戴姓回骂，对面用右手揪住小的发辫，用左手打了小的右腮颊两拳，拉小的走了两步。小的挣不脱身，一时情急，左手揪住戴姓腰扎褡包，右手拔出身带小刀，向他身后戳去，戳了戴姓左脊膂一下。戴姓右手还揪小的发辫，左手捏住小的右手腕。小的恐他夺刀回戳，忙用左手接过右手小刀，想戳戴姓松手，又向戴姓身后戳去，戳着戴姓右脊膂一下。戴姓松手，合仆跌倒地上。小的随即住手，把小刀扔在地上。随有商可名、李文显还有常发都到跟前查问。戴姓说："我被李名江戳伤了。"商可名又问是怎样被戳的，戴姓说："原是我的不是。"以后他就哼哼，不能言语了。商可名、李文显看守小的，常发去通知邻约张起旺到来，绑住小的。不料到夜里二更时，戴姓就因伤死了。①

----

① 内阁刑科题本，嘉庆十三年十二月十七日，02-01-07-2374-003。

在本案中，戴姓图奸李名江三次未成，而李名江的态度依次是不理、不依和情急：初次遭遇图奸时，李名江还不确定戴姓的行为是否有意为之，还在为对方的行为寻找一个合理的原因；而再次遭遇图奸时，李名江已经确认戴姓想要鸡奸他，因此激烈反抗，而旁人知道后也都指责戴姓；但戴姓依然借着酒醉第三次图奸，并最终被李名江拒杀。

从本案可以看出，图奸行为在旁人眼中是"糟蹋人"的坏事，图奸者是"混账"，而他也知道是他自己的不是。但是，他依然无法遏制自己图奸他人的欲望，直至遭到拒止。

三 被动者被鸡奸后杀害主动者

这是指被动者第 n （n≥1）次被主动者鸡奸时，奋起反抗，杀害主动者。

如发生于道光十五年八月直隶沙河县的案件，主动者是 48 岁的单身男性张行，平日游荡，不务正业；被动者是 31 岁的单身男性丁凤舞，做工度日。两人素好没嫌。丁凤舞供称：

> 道光三年上，张行在本县南关外开设茶铺，小的给他铺里做工。那年不记月日夜，小的喝酒已醉，在炕睡熟，被张行鸡奸一次。小的知觉，合他不依。张行向小的服礼。小的因恐嚷破，被人耻笑，也就隐忍。过了一个多月，张行乘小的睡熟，又把小的鸡奸。小的醒来，合他理论。张行再三央求。小的因从前已被奸过，若再声张出来，更觉没脸，只得仍旧隐忍。后来，张行把茶铺歇业，小的就出外做工。十五年七月里，小的自外回家。那月不记日子，小的到本县替善村赶会，合张行撞

遇。因天晚，无处住歇，到素识的郭洛平羊肉铺里借宿。那晚，张行又抱住小的求奸。小的惊醒，喊嚷起来。张行怕被郭洛平听闻，才歇手的。当时郭洛平原没听见。第二日各自走散。到八月十八日，张行向小的借去马褂一件，当钱使用，原许一两日内赎还。二十日黄昏时候，小的到张行家索讨。推门进去，见张行在屋喝酒，他叫小的上炕同喝。那时张行已有醉意，小的向他讨要马褂。张行回复迟日赎还。他就脱下裤子，拉住小的，说要续奸。小的向他村斥。张行说，小的从前被他奸过，现若不依，定把奸情嚷破，使小的难以做人。小的气忿，拾起炕边砖块，向他殴打。张行闪避，致打伤他左肋，并擦伤左手腕。张行侧身跌倒炕上辱骂，还说起来要合小的拼命。小的着急，乘势把他合面按住，用砖连打伤他脑后发际。因手势过重，致把他脑后发际骨打损。张行住口不骂，小的也就歇手。见他炕上放有一件灰马褂、一条蓝布棉被，小的顺便拿回，当钱抵欠。不想张行伤重就死了。①

在本案中，丁凤舞 19 岁时在 36 岁的张行所开的茶铺做工，曾两次在睡熟的情况下被张行鸡奸。第一次被奸后，张行向丁凤舞服礼，丁凤舞"因恐嚷破，被人耻笑，也就隐忍"；第二次被奸后，张行"再三央求"，而丁凤舞觉得"因从前已被奸过，若再声张出来，更觉没脸，只得仍旧隐忍"。十二年后，31 岁的丁凤舞又遭到48 岁的张行两次图奸：第一次丁凤舞喊嚷，而张行怕人听见，图奸未成；第二次张行威胁丁凤舞，如不就范，就把他从前被自己奸

---

① 内阁刑科题本，道光十七年七月初四日，02-01-07-3203-005。

过的事声张出去，让丁凤舞"难以做人"。丁凤舞这次终于奋起反击，打死张行。

可以看出，有些人在被强奸后，由于害怕被人知道受到耻笑，难以为人，于是既不敢跟亲友说明，也不愿报官，只独自隐忍；而施暴者正是利用了被害者的羞耻心，一边通过表面上的赔礼道歉安抚受害者情绪，一边又继续施暴。之后，有些受害者就会产生自暴自弃的心理，或者继续任由施暴者侵害，或者远走他乡，又或者如本案的丁凤舞一样，在受害多年之后才最终奋起抵抗。

四 被动者遭遇求奸后因他故杀害主动者

这种情况是指被动者曾被主动者求奸过，后来二人因为其他事情而发生争执，最终被动者反击杀死主动者。

如发生于嘉庆十七年七月四川罗江县的案件，主动者是 28 岁的乞丐杨贵，平日游荡，不务正业；被动者是 17 岁的乞丐周思富。二人同伴求乞，并没仇隙。周思富供称：

> 嘉庆十六年十一月间，小的因没处寻工，才讨乞度活。杨贵邀小的同伴住歇。就是那月记不得日子，杨贵叫小的给他鸡奸。小的怕他凶狠，才依从的。后来又奸过几次。杨贵欺负小的年幼，常把讨得钱米被他拿去吃用，还要时常打骂。十七年七月十一日晌午，小的在城外闲耍，杨贵叫小的进城求讨，小的没有依他。杨贵口里混骂，小的回骂。他就抓住小的发辫，用拳打伤小的脊背、左臂膊，又用脚踢伤小的左腿。同伴乞丐刘保子解劝，小的挣脱跑逃，杨贵随后赶来。小的一时情急，

在卖梨担上拿了一把削梨小刀。杨贵赶拢，小的用刀吓戳，不料伤着他左肋。报蒙验取保辜医治。杨贵伤重，到十三日早饭后死了。①

在本案中，周思富曾被一同求乞的杨贵强奸过几次，由于自己年幼且对方凶狠，只能任由对方摆布。对杨贵而言，他既然已经在体力和性关系这双重权力关系中处于对周思富的支配地位，那么他自然认为周思富必须时时处处服从自己。于是，当周思富拒绝服从他的支配时，他就继续使用力量优势去压制对方，不料反为对方所杀。

从本案中可以看出，有些男性鸡奸另一个男性，部分在于想要表达或者巩固自己和对方处于支配和服从的权力关系中。在这里，性关系和性行为中的侵入与被侵入关系，②部分是作为双方的社会地位和身份等级高低关系在性关系中的一种确定、延续和补充。

第二节　被动者隐忍

在刑科题本的案件中，隐忍一般只是一个过渡状态，之后有可能发展成拒杀、报复或自杀。但可以推测出在清代的实际生活中，必然有一些遭遇同性图奸或强奸而被迫选择一直隐忍下去的人。由于他们的隐忍并未发展成命案，因此他们的隐忍也未见诸刑科题本

①　内阁刑科题本，嘉庆十八年五月初五日，02-01-07-2497-016。
②　Matthew H. Sommer, *Sex, Law, Society in Late Imperial China*, p.117.

或者任何记载，而隐没在历史中。下面分别举例说明被动者选择隐忍的原因。

一　被动者自觉是丑事

如发生于嘉庆六年六月直隶天津府的案件，主动者是 35 岁的单身男性卜猫子，被动者是 24 岁的单身男性丁玉。两人同在船上当水手。丁玉供称：

> 嘉庆六年五月内，小的合卜猫子同雇给泗州卫前帮旗丁毛六艺船上当水手，才认识起的，并没仇隙。小的合卜猫子两人同在头仓睡觉。卜猫子因小的年轻，常向小的顽笑，小的不去理他。那知他到夜里常来拉小的裤子，要鸡奸小的。小的拒绝，没有被他奸污。因是丑事，恐同船人耻笑，没有说出来。六月十九日，卜猫子又向小的叫小兄弟，小的不依，合他揪扭争闹起来。是旗丁毛六艺、舵工蒋文志们劝开的。那夜，小的原要另外睡开，蒋文志说，船上睡处排定，没有空儿，叫小的仍在头仓睡觉。毛六艺、蒋文志们把卜猫子村斥，叫他不许再合小的顽笑，卜猫子并没言语。小的仍同卜猫子在头仓里睡觉。小的防备，总穿着裤子。六月二十三日，小的在头仓船上用船工劈柴斧子钉席，卜猫子走去，挨在小的身边，又合小的取笑。小的生气，把斧子撩下，走出舱去。夜间，小的先已睡熟。那知卜猫子又起了邪念，把小的拉醒，叫小的合他鸡奸，就来拉小的裤子。小的不肯，喊叫起来，他才歇手。[①]

---

① 内阁刑科题本，嘉庆七年八月十九日，02-01-07-2191-003。

在本案中，卜猫子先后多次开丁玉玩笑、取笑他，并拉裤图奸，而丁玉一再隐忍的原因正是"因是丑事，恐同船人耻笑，没有说出来"。

二　旁人劝被动者隐忍

如发生于嘉庆十二年三月盛京奉天府盖平县的案件，主动者是40岁的单身男性赵彩，被动者是22岁的单身男性刘忠。两人一处做工，并没仇恨。刘忠供称：

本年三月初十头不记日期半夜时，小的面朝西睡熟，赵彩偷进小的被里，要鸡奸小的。小的惊醒把他推出去，没有被他奸成。当时忍受，没有声嚷，恐怕人耻笑。第二日早饭后，掌柜的米九瑞到栈房，小的把赵彩欺辱的缘故告诉米九瑞。米九瑞劝小的不要声嚷："生意人这是什么好事？若叫人家知道，岂不笑话你？不要理他，等我说他的不是。"掌柜的就走了。小的只得忍受，以后不知米九瑞说他没有。二十三日半夜时，赵彩又伸手到小的被里摸小的的臀。小的知觉，骂他什么东西，问他想做什么。赵彩忙缩回手，装着打呼。小的就没声嚷。二十四日清早，赵彩们往卖铺去了。小的告诉米九年说："赵彩屡次欺辱我，昨夜又伸手进被戏弄我。我势要合他闹一场。"米九年说："从前赵彩还戏弄过你吗？"小的说："赵彩头一次进被想奸我，被我推出去，曾告诉过掌柜的米九瑞的话，告诉他一遍。"米九年说："这原不是好事，声嚷不得，等我告诉掌柜的，回了他就是了。"劝小的且忍耐着。到晌午后，米九年到卖铺去了。一会回来说，掌柜的往南关买猪，没在铺里，等回来再说罢。小的前思后想，心里总是一宗事。①

在本案中，刘忠因多次被赵彩图奸而向周围人诉说，但得到的答复却是劝他继续忍耐，因为声张出去对他名声不好。

三　主动者赔礼

如发生于嘉庆八年正月贵州威宁州的案件，主动者是35岁的李尚达，被动者是20岁的戴小二。两人一同挖沙，都在厂房歇宿，素无嫌隙。戴小二供称：

> 嘉庆七年十二月二十四日，李尚达私下拿了一百文钱给与小的，叫小的夜尽时到他床上同睡。小的不依斥骂。当有砂丁头何起仁听见，问明缘由，把他斥责。李尚达当与小的赔礼，小的就歇了。到年底，众砂丁歇工散回，只有丁头何起仁并李尚达同小的三人在厂房过年。正月初三日三更时候，小的起来往外出恭，没穿裤子，走回自己床前。不防李尚达悄从背后走来，把小的抱住，强要鸡奸。小的嚷骂，挣扎不脱，弯身拾起地下柴块，反手往后打去，伤着他左太阳。那时，何起仁起来看见喝骂，李尚达方才松放，把小的往前一推，扑睡床边上，磕伤额颅。李尚达也因伤倒地。何起仁又骂李尚达无耻，他自觉惭愧，没有话说。何起仁就去告知厂户黄裕，前来查看，问明缘由，也把李尚达辱骂。李尚达自己认错。②

---

① 内阁刑科题本，嘉庆十三年二月二十八日，02-01-07-2345-001。
② 内阁刑科题本，嘉庆八年十二月初八日，02-01-07-2225-013。

在本案中，李尚达向戴小二图奸未成而被人发现后，向戴小二赔礼，戴小二这才忍住情绪。随后再次向戴小二图奸，遭到拒绝并被旁人发现后，又再次认错。

四 被动者怕被主动者杀害

如发生于道光十二年八月直隶灵寿县的案件，主动者是 32 岁的冯得信，被动者是 18 岁的戎三。两人均做皮条生意，互相认识无嫌。戎三供称：

> 道光十二年八月初一日，小的到灵寿县岔头村赶集，就在那里张驹驴店内住宿。适冯得信等三人也进店投宿。大家吃了晚饭，彼此闲谈。冯得信合小的顽笑了一会，各自睡觉。小的同张驹驴住在柜房，冯得信住在东间屋内。小的睡了，因被臭虫咬醒，说要搬移住房。冯得信听见，说他炕上没有臭虫，叫小的合他同炕睡觉。小的就把铺盖拿到冯得信炕上睡下。到三更时候，冯得信两手把小的背后搂住，想要鸡奸。小的惊醒，坐起不依。冯得信还说，三更半夜，有谁得知，何妨给他顽一会，若要不依，他就合小的对打。小的怕他力大难敌，又是丑事，不敢合他较论，就走避出院。[①]

在本案中，戎三被冯得信图奸后不敢较论，就是因为怕对方力大难敌。

---

① 内阁刑科题本，道光十三年八月十六日，02-01-07-3095-023。

五　被动者要读书应考

如发生于道光二年九月浙江金华县的案件，主动者是莫声远，被动者是18岁的陈狗奶。两人邻近熟识。陈狗奶供称：

> 道光二年九月不记日子，天色已晚，小的从书馆回归，路过莫声远钱店，莫声远邀小的进店闲谈，劝小的吃酒。二更时候，小的因被灌醉，在床睡熟。莫声远乘小的醉卧，就拉裤按住，要把小的强行鸡奸。小的惊醒，不依嚷骂。莫声远松手，小的挣起，没有成奸。当时走回，向父亲告知。父亲因望小的读书应考，恐一经控究，有关自己颜面，叫小的不必声张。到三年夏间，莫声远与小的遇见，又向取笑。小的走避，没有理他。[①]

在本案中，陈狗奶遭到图奸后，因考虑到自己正在读书应考，担心告官控究会有损自己颜面，故选择隐忍。

六　被动者怕告官后反受拖累

如发生于道光十一年七月四川犍为县的案件，主动者是31岁的赵仕贵，被动者是20岁的李庭沅，两人背炭度日，素识无仇。李庭沅供称：

> 道光十一年七月二十二日夜，小的与赵仕贵等同路背炭，

---

① 内阁刑科题本，道光四年九月二十一日，02-01-07-2859-005。

到西坝场东来店里，同房各床歇宿。小的因天热，没穿衣裤。三更时，赵仕贵乘小的睡熟，走上小的床来，扑压小的身上，要把小的鸡奸。小的喊叫挣拒，没被奸污。同伙闻声起来查问，赵仕贵当就下床，开门跑逃。小的起身，追拿不着，原说等天明投人，告官究治。同伙说，小的们都是背炭穷人，告官差拿，反受拖累，劝小的不必具告，等找获赵仕贵，再与他理论。小的也就没有声张。①

在本案中，李庭沅遭到图奸后打算报官，但同伙劝他不要告官，因为他们都是背炭穷人，若告官差拿的话，反受拖累，故受害者也就没有声张。

从本案可以看出，清代乡村社会中必定有一些遭遇同性图奸或鸡奸却选择不报官的人，其原因就是担心自己是穷人，告官的话反而会受拖累。可以推测，正是由于有些受害的穷人没有告官，他们才未见诸刑科题本等材料。

第三节　被动者报复

被动者报复，是指被动者在遭到图奸或鸡奸后，并未立即反击，而是内心经历不甘、愤恨、忍无可忍之后，主动采取反击行为。被动者的这种报复行为基本上是故意伤害，而罕有报官。根据案情可分为三类：被动者初遭图奸后报复、被动者屡遭图奸后报复、被动者被鸡奸后报复。以下分别说明。

---

① 　内阁刑科题本，道光十三年四月十九日，02-01-07-3085-007。

一　被动者初遭图奸后报复

这种情况是指被动者第一次遭遇图奸后就决定采取报复行动。

如发生于道光十八年四月直隶天津府青县的案件，主动者是38岁的刘一，曾雇给被动者做工；被动者是36岁的王五，娶妻有子。王五供称：

嘉庆十七年二月不记日子夜，父亲因书房里间卧炕倒塌，叫小的在书房外间合刘一一炕睡宿。那时小的年才十岁，先自脱衣睡觉，刘一把小的搂住，强行鸡奸。小的惊醒哭喊，没被奸成。那时父亲在里间听见，出来查看。刘一才释手，开门逃走。父亲就向小的问明情由。迨刘一逃跑无踪。当时小的因被他欺辱不甘，定要不依。父亲说是丑事，劝小的暂且隐忍。后来小的年渐长大，因被刘一污蔑，心里愈思愈恨，总想把他杀死泄忿。屡年暗访，刘一总没回家。道光十八年三月里，小的探知刘一已经回来。随拿家存铁斧，藏在身边，时常出去查找。到四月初二日晌午时候，小的出外，路见刘一在他叔子刘中文家门外地上侧身躺着，业已睡熟。小的忿极，就用铁斧把他尝辫连右耳根、耳轮砍伤。刘一惊醒喊嚷，用手遮护。小的又用斧砍伤他项颈、左手背，连大指、二指，并划伤他右手指。当有刘中文合刘柱赶去，把小的斧子夺下。小的逃回，向父亲告知，就有牌头刘建堂去把小的拴住，送蒙验讯。刘一到二十二日早饭后，就因伤抽风死了。①

---

① 内阁刑科题本，道光十九年七月二十九日，02-01-07-3253-012。

在本案中，王五 10 岁时被 12 岁的刘一强行鸡奸未遂，之后刘一逃走，而王五随着年龄渐长，内心对刘一愈加愤恨，并屡次暗访未遇。26 年后，王五终于探知刘一去向，于是暗藏铁斧，趁刘一睡熟之际，将其砍死，一雪前耻。

从本案可以看出，有些人在童年被同性侵犯之后，内心想要雪耻的报复情绪并不会随着时间的流逝而淡化，反而会在受辱多年后依然强烈地存在，并支撑他报复施暴者。虽然施暴者强奸未遂，但从受害者由受辱到报复之间长达 26 年的时间间隔可以看出，施暴者的行为已然对受害者的幼年心理造成了深刻而长远的伤害。由此亦可看出，在传统社会中，同性性侵对受害者所造成的耻辱的严重程度。

二 被动者屡遭图奸后报复

这是指被动者在屡次遭受图奸，且屡次隐忍之后，终于忍无可忍，决定报复。

如发生于道光二十年六月山西代州崞县的案件，主动者是 31 岁的陈根伏，被动者是 18 岁的辛满沅。案情如下。

陈根伏与族兄陈玉连伙开钱铺生理。辛满沅族兄辛虎豹因与陈玉连相好，于道光十九年十月间，将辛满沅荐至伊铺内学习生业。二十年正月初三日，陈玉连回家。二更时分，陈根伏向辛满沅调戏，欲图鸡奸，拉令同睡。辛满沅不依喊嚷，陈根伏放手走散。次早，央勿声张。辛满沅因关颜面，隐忍未较。五月初五日，陈玉连外出讨账。是晚，辛满沅已经睡歇，陈根伏复至炕边，将辛满沅按住，意欲图奸。辛满沅嚷骂，陈根伏以如不与其奸好，即不令其在铺之言挟制。辛满沅将陈根伏推开，大声喊嚷。陈根伏斥其不识好歹，混骂走散。初八日早，辛满沅在后院喂骡，陈根伏指称戏要斥骂，辛满沅分辩。陈根伏声称，辛满沅不服使唤，欲令出铺，彼此争吵。陈玉连听闻查问，辛满沅告知图奸不从，借端撵逐情由。陈玉连当向劝慰，背地将陈根伏斥责。陈根伏承认图奸之非，并称已被辛满沅说破，倘被张扬，街邻闻知，无颜见人，断难仍留辛满沅在铺。陈玉连亦虑恐辛满沅滋事。若明将辛满沅回复，又恐不依吵闹，外观不雅。旋于十一日将辛虎豹唤至铺内，潜告情由，嘱令设法将辛满沅送回。辛虎豹即向辛满沅捏称伊祖辛云中患病，唤令回家看视。辛满沅信以为实。辛虎豹于十三日送其回家。辛满沅询无其事，当向辛虎豹查问，辛虎豹随将实情说明。辛云中听闻生气，声言辛满沅败坏门风，当时殴詈，并称不要辛满沅为孙。辛满沅分辩，辛虎豹与辛满沅之兄辛狼狼劝解。辛云中不信，常向辛满沅斥骂，不令食饭。辛满沅因被陈根伏图奸欺辱，撵逐出铺，致伊无颜，并绝生路，气忿莫遏，起意将陈根伏杀死泄忿。六月初三日午后，身藏小刀往寻。傍晚时分，行至村外。时值社庙演戏未散，陈根伏与铺邻傅仲小共坐一凳〔凳〕，在彼观戏。辛满沅望见，愈加忿恨。即绕至陈根伏身后，乘其不防，用小刀扎伤陈根伏右颔骸。陈根伏站起喊叫，用手抵格。辛满沅复扎伤其右手大指并食指、气嗓，陈根伏扑跌倒地，辛满沅后扎伤其右臀。经傅仲小劝歇。陈根伏当即殒命。①

---

①　内阁刑科题本，道光二十一年十一月初一日，02-01-07-3311-013。

在本案中，辛满沅在陈根伏伙开钱铺内学习，因此陈根伏就利用自己掌柜的身份屡次意欲鸡奸幸满沅；遭到辛满沅拒绝后，陈根伏又骂他不识好歹，并设计将辛满沅辞退。而辛满沅被辞退回家后，先是发现自己竟被族兄联合陈根伏欺骗，之后又被得知实情的祖父打骂，甚至要将他逐出家门，这才决定杀死始作俑者陈根伏泄愤。

从本案可以看出，受害者在屡次遭到求奸后忍无可忍选择报复的原因之一，是他因拒奸而失去工作，并被家族排斥。于是，受害者先后失去了工作、个人颜面以及家族的保护，即被断绝生路，却只是因为他拒绝被鸡奸。从任何角度看，他都没有做错事，但却成为唯一的受害者。于是，他气愤莫遏之下，选择杀死那个求奸他的人，因为这个人正是他一切不幸的根源。由此亦可看出，在传统社会中，遭遇同性图奸不仅会给自己带来耻辱，还会给整个家族带来耻辱。于是家族会通过排斥受害者来减少家族的耻辱，以便保持声誉。在这种情况下，个人的死活无关紧要。

三　被动者被鸡奸后报复

这是指被动者在遭到主动者强行鸡奸之后，因受辱而产生愤怒，于是决定伺机报复。根据案情，可以分为被动者被鸡奸一次后报复，以及被动者被鸡奸多次后报复，下面分别说明。

（一）被动者被鸡奸一次后报复

在这种情况下，被动者在被鸡奸后一般数日之内就会伺机报复。

如发生于道光三年三月陕西汉中府略阳县的案件，主动者是40余岁的叶潮青，被动者是24岁的单身男性田倡畛。叶潮青雇田倡畛在炭场帮工，两人同房住宿，素无嫌隙。田倡畛供称：

> 三月十五日晚三更时分，小的已经睡熟。叶潮青忽爬到小的一头，搂抱图奸。小的惊醒，不依喊骂。叶潮青即把身带小刀吓扎，说若不依他，定要杀害。小的因叶潮青身长力大，手内有刀，怕他凶横，一时挣不脱身，被他奸污。次早，心里害怕气忿，又因顾惜颜面，不好声张，就想辞工回去。那晚点灯时分，小的到叶潮青房内，要把铺盖搬往汪得荣们房内住宿。次日回去，叶潮青说，小的已经支过两月工钱，揸留不放，反揪住小的打骂。小的声喊，当有汪得荣们听见，走来查问。小的不能隐瞒，就把叶潮青强逼鸡奸揸留不放情由向他们告诉，经汪得荣们劝开。那晚就把铺盖搬在汪得荣们房内住歇。小的因被叶潮青持刀强逼鸡奸，隐忍要走，反被揪殴，使人知道，致小的一生无脸做人。越想越恨，起意把他致死。等到十七日天明，小的悄悄起来，寻了一把柴斧，走到门前，揭开草结门帘进内，至叶潮青炕边，见他睡熟，向他咽喉狠砍一下，叶潮青当即死了。小的去向汪得荣们告知，把厂主王万幅叫来，看明报验的。①

在本案中，田倡畛先是受雇于叶潮青的炭场，然后被叶潮青持刀威逼鸡奸一次，随后想辞工离开，叶潮青又不放他走，还让旁人都知道他被威逼鸡奸的事，于是田倡畛决定杀死叶潮青泄愤。

从本案可以看出，有些受害者在遭到强行鸡奸之后，首先会选

---

① 内阁刑科题本，道光四年四月十二日，02-01-07-2850-003。

择隐忍；只有当自己被奸之事被旁人知道，使他"一生无脸做人"后，他才会选择报复。

（二）被动者被鸡奸多次后报复

这种情况是指被动者被强行鸡奸多次之后，出于不同原因而最终决定报复。根据案情，被动者报复的原因可分为三类：被强奸数次之后忍无可忍；被强奸后又被周围人知道或以此相挟；被强奸后又屡受欺辱。下面分别说明。

1. 被动者被鸡奸多次之后，终于忍无可忍决定报复

如发生于嘉庆十三年五月陕西西安府蓝田县的案件，主动者是薛鬼儿，被动者是赵庚申儿，两人邻村居住，素相熟识。赵庚申儿供称：

> 嘉庆十一年七月里记不得日子，小的在孟村看戏，晚上独自回来。路遇薛鬼儿，拉住小的要奸，小的不依，他拔出小刀要扎。小的怕他凶横，被他拉到野地里奸污。小的恐怕伤脸，只得隐忍，莫有声张。十三年五月二十二日一更后，小的在门外出恭，薛鬼儿从后走来，把小的拉住，说跟他到赵君举空车房内行奸。小的不肯。薛鬼儿就要殴打，硬拉小的到车房地上奸了。薛鬼儿脱下衫裤，铺在地上，又解下布裹肚垫头，拉小的陪他睡觉。小的料想一时走不脱身，只得合他同睡。听他睡熟后，小的心想，屡被薛鬼儿欺奸，气忿不过，起意把他杀死。悄悄起身，回家取了铡刀转来，月光下见薛鬼儿仰面睡着。小的走近身边，用刀砍了他咽喉一下，他身子转动，又用刀背打他左额角一下，当时气绝。①

---

① 内阁刑科题本，嘉庆十四年八月初八日，02-01-07-2390-004。

在本案中，赵庚申儿因为屡次被薛鬼儿强行鸡奸，气愤不过，才起意杀死对方。

2. 被动者被强行鸡奸之后，又被当众声张被奸之事，或者被威胁要声张被奸之事

如发生于道光十三年正月河南禹州的案件，主动者是 29 岁的耿志诚，被动者是 21 岁的李芳，已经娶妻。两人同庄居住。李芳供称：

> 道光六年间，小的只十四岁，被耿志诚强逼鸡奸一次，后来又屡次挟制续奸。小的那时年幼力薄，不能拒绝。曾与相好的孙年闲谈，孙年说起，也被耿志诚图奸未成的话，彼此隐忍。十三年正月十六日，小的与耿志诚会见。耿志诚又要续奸，小的不依。耿志诚说，如不允从，定要张扬从前奸情。小的恨极，起意致死泄忿。就捏说夜间到机坊饮酒同睡的话，向他哄诱。耿志诚听信。到夜携酒走来，小的假意将他劝醉，扶他上床睡下，软瘫不省人事。小的就解下他束腰布带，从耿志诚咽喉下绕转项颈，两手分执带头，用力拉勒，耿志诚立时气绝身死。恐他气转复活，小的又顺取窗前铡刀，将耿志诚头颅砍下，把尸身与头移到院内粪草堆中埋藏，将床上血迹擦洗干净，随即逃跑。今被拿获。①

在本案中，李芳 14 岁时曾被 22 岁的耿志诚强行鸡奸，并挟制续奸数次。他因当时年幼力薄，只能隐忍。七年后，当耿志诚再次

---

① 内阁刑科题本，道光十三年十一月二十日，02-01-07-3105-001。

要求续奸时，李芳拒绝。耿志诚随后以张扬李芳曾被鸡奸之事要挟，李芳这才决定杀死对方泄愤。

3. 被动者被强行鸡奸之后，又屡受欺辱

如发生于道光十八年正月山西蒲州府万泉县的案件，主动者是聂马喜，被动者是18岁的已婚男性聂小狗。聂马喜是聂小狗的无服族兄，他平日为人凶恶，村人都怕他。聂小狗供称：

> 道光十五年八月里，不记日子，聂马喜把小的诱到村外高粱地内，强要鸡奸，小的不从，他拔出刀子向吓。那时小的年幼害怕，被他奸了一次。他还说，如果小的向人告知，定把小的杀害。小的因父亲已故，家仅老病母亲，又是丑事，只得隐忍。以后屡被聂马喜奸辱，并没得过钱物。十六年十一月里，小的娶了女人，就与聂马喜拒绝。他说小的既不愿合他续奸，就叫小的女人合他奸宿。小的不肯。聂马喜就常来家，合小的寻闹。小的怕他凶恶，不敢较论。十七年三月里，小的因被他欺辱不过，想把地亩租给别人耕种，自己出外躲避。托人找主。聂马喜闻知，强要租种。小的不允，他就要把奸情声张出来。小的无奈，才把地十七亩租给他耕种。每年每亩原本该租麦二斗、秋粮二斗。聂马喜只肯每亩给租麦一斗、秋粮一斗。小的也不合他较论，当往曲沃县佣工。临走时，嘱咐女人说，如聂马喜走来，叫他走避，免被欺侮。八月里，小的在曲沃县地方遇见村人张梦娃，说聂马喜常到小的家里来往，女人回避娘家，只留母亲病卧在床，无人照应。并说聂马喜凶恶，不可露他说的话。小的听了着急，就辞工回家，叫回女人查问。女人说，聂马喜自小的走后，常到小的家内向他调戏。五月十三

日，又到小的家，借水担为名，向伊拉手调戏，被他声喊走开。他向母亲告知说避回娘家的话。小的听了这话，就不敢出外。到十二月里，小的向聂马喜讨要地租。聂马喜抗不给还。小的因没度用，要把地出典与人。聂马喜说，他租种的地，非他作中，谁人敢典。小的只得着他作中，找了董五八，把地典给三亩，说明价银二十四两。聂马喜只交小的银六两，余下银十八两，他自己使用了。年底，小的向他讨要价银。聂马喜说，他租种小的地亩时，费了多少工本，这十八两典价银子，还不數抵作工资、籽种。他有欠聂小炭铺内饭钱五千文，还要小的认还。小的不允，他就要声张奸情，无奈应允。他拉小的同到聂小炭饭铺，把他所欠饭钱，拨在小的名下。十八年正月里，聂小炭屡向小的讨要，小的无钱央缓。聂小炭不依，小的央俟迟一二日归还，聂小炭走回。十九日晚，小的因无处借钱，去邀允聂马喜同到聂小炭铺内央缓说明，到三月里，一准清还。聂小炭应允。聂马喜说，他与小的央缓饭钱，要小的谢他喝酒。小的就地买酒半斤，同喝一会。二更时候，小的见他酒醉，说要先回家去。聂马喜说他喝醉了，叫小的送他回家。等他喝完，就一同出铺。走到村外流水壕边，聂马喜从壕孔内取出一个钱褡，内装铁尺一根。他把钱褡铺在地下，取出铁尺放在一旁，要合小的续奸。再三纠缠，小的坚不允从。他就叫小的同他到邻村偷窃，小的不肯。聂马喜就拿取铁尺要打，小的无奈，假意允从。聂马喜就把铁尺交给小的，装在褡内，叫小的背上，一同行走。小的想起幼年被他奸污，后又屡受欺辱，还要勒逼小的同去做贼，越想越恨，见他酒醉不防，又仗有铁尺在手，遂起意打他一顿，使他害怕，不敢再欺。①

在本案中，聂小狗 15 岁时曾被无服族兄聂马喜持刀强行鸡奸一次，之后又多次被奸；聂小狗娶妻后拒绝再被聂马喜鸡奸，而聂马喜就不断去他家闹事，聂小狗无奈之下只能躲去外地。聂马喜随后不仅低价强租聂小狗的土地，还调戏聂小狗的妻子。聂小狗只能回家，向聂马喜讨要地租未果，想转租土地给别人又遭到聂马喜阻拦，还被聂马喜讹诈钱款。聂马喜随后又要鸡奸聂小狗，聂小狗拒绝后又被逼一起去邻村偷窃。于是，聂小狗想起自己幼年被奸污，后来又屡遭欺辱，还被逼去做贼，这种种屈辱让他越想越恨，最终决定报复。

从本案可以看出，第一，有些男性发泄性欲的对象不限男女，他既会鸡奸男性，也会调戏女性，故这些男性对于男女两性的情欲表现出彼此兼容的特点，这点将在下文详细论述。第二，良懦之人在经历屡次强奸欺辱后，也会奋起反击。

第四节　旁人报官

这种情况是指受害者在遭遇鸡奸或图奸之后未被杀害，随后由其家人或旁人报官将主动者拿获。

如发生在嘉庆二十年二月湖北均州的案件，主动者是 19 岁的僧人世秀，被动者是 11 岁的男孩李正才，两人是同学，同在岳亭寺读书。世秀供称：

---

① 内阁刑科题本，道光十九年十月二十四日，02-01-07-3263-007。

嘉庆十九年七月初四日，王全麟出外探亲，到晚没回。李正才向住王全麟房内，他一人害怕，邀僧人作伴，同床睡宿。僧人把李正才搂抱，哄诱鸡奸。李正才不依，僧人向他央求，他不声响，就把他按住行奸。李正才疼痛哭喊，师父住房隔远，没有听闻。奸完后查看，李正才穀道出血。僧人叮嘱，不可向人告诉，免得先生知道责打。李正才允从。九月初一日，王全麟回去了。僧人又要与他行奸。李正才因穀道疼痛不肯。后来记不得日期，僧人往后园拔菜，见李正才也在园里顽耍。僧人把他按倒地下，奸过一次。隔了几日，又在空屋里奸了一次。那知李正才穀道本没全好，就日渐溃烂起来。僧人又叮嘱李正才隐瞒，李正才散学回去。到今年二月间，李正才隐瞒不过，说出这事。李帼良就赴案告状。从前到案，心慌不敢实供。今蒙谷城县王案下会审，僧人已据实供明。今蒙复讯，那头一次实是僧人欺他幼小，诱骗成奸，因他疼痛哭喊，才用强奸毕。以后实止和同奸过两次。

作为对照，李正才供称：

去年七月初四日晚，王全麟探亲没回，小的一人独宿害怕，邀僧世秀作伴，同床睡卧。世秀把小的抱住，说要行奸戏耍。小的不依，他再三央求，小的不响，他就把小的按倒行奸。小的害怕，哭喊起来，世秀只管行奸。奸完后，叮嘱小的不可向人说知，说被先生知道，大家都要受打。小的害怕，只得隐忍。当时穀道疼痛出血。九月初一日，王全麟有事回家，众学生都散了，只有小的同世秀在学堂里。世秀又要行奸，小的因榖道疼痛不肯，这回没有奸成。后来不记得日子，小的在后园顽耍，世秀走来，要同小的行奸。那时榖道不大疼痛，就与他在地下奸了一回。过了几日，又在空屋里被他奸了一回。小的榖道本没全好，又被他接连奸了两次，就日渐溃烂起来。十月十三日放学回家，榖道越加疼痛，走路不便。小的恐怕父亲打骂，总没说出。今年二月间，王全麟来叫上学。小的因怕世秀又要与小的行奸，不肯前去。父亲说是赖学要打，小的着急，才说出这事来。父亲发气告状的。①

在本案中，世秀和李正才都在寺庙中读书，世秀利用李正才年幼无知，多次对其进行哄诱鸡奸，致使李正才肛门溃烂，被其父发现后告官。

本案是此类情况的典型案例，这种情况下的受害者年龄普遍较小，而施暴者与受害者之间的关系也以熟人居多。

根据统计，求奸后被报官拿获的主动者与被动者共有 80 对，也共有 80 个受害者有年龄信息，其平均年龄为 11.58 岁，其中最幼者 4 岁，最长者 19 岁。分布见表 2-1。

表 2-1　被求奸后报官的被动者年龄人数分布

单位：人

年龄（岁）	人数	年龄（岁）	人数	年龄（岁）	人数	年龄（岁）	人数
4	1	8	5	12	10	16	4
5	4	9	4	13	3	17	9
6	4	10	4	14	6	19	4
7	9	11	8	15	5		

---

① 内阁刑科题本，嘉庆二十一年八月十一日，02-01-07-2615-006。

根据统计，有 72 个施暴者有年龄信息，其平均年龄为 27.61 岁，其中最年轻者 15 岁，最年长者 53 岁。分布见表 2-2。

表 2-2　求奸后被报官拿获的主动者年龄人数分布

单位：人

年龄（岁）	人数	年龄（岁）	人数	年龄（岁）	人数	年龄（岁）	人数
15	1	22	4	29	5	37	2
16	1	23	2	30	3	38	1
17	1	24	4	31	5	40	4
18	2	25	2	32	3	45	1
19	4	26	1	33	1	51	1
20	8	27	2	34	3	53	1
21	4	28	4	35	2		

根据统计，共有 72 对年龄差数据，其平均年龄差为 15.96 岁，其中年龄差最小 1 岁，最大 38 岁。分布见表 2-3。

表 2-3　求奸后被报官情况下双方年龄差分布

单位：岁，对

年龄差	对数	年龄差	对数	年龄差	对数	年龄差	对数
1	1	12	4	20	3	31	1
5	1	13	5	21	3	32	1
6	1	14	5	22	3	33	1
7	2	15	4	23	2	35	1
8	5	16	5	24	2	38	1
9	3	17	2	25	1		
10	5	18	1	26	1		
11	4	19	3	27	1		

从上述年龄信息可以看出，在这类情况下，受害者平均年龄（11.58 岁）比全部被动者的平均年龄（19.14 岁）要年幼 7 岁半

多，甚至比前文所统计的"年轻"的被动者（16.13 岁）与"好看"的被动者（约 12.72 岁）更加年幼；施暴者平均年龄（27.61 岁）比全部主动者的平均年龄（34.21 岁）要年轻 6 岁半多；双方平均年龄差（15.96 岁）比全部主动者与被动者之间的平均年龄差（15.43 岁）约大半岁。

同时，这 80 对施暴者与受害者的社会关系中，有 55 对是相互熟识的邻居，5 对是师徒，20 对是偶遇的陌生人。

根据上述统计可知，在这种情况下，受害者多为不谙世事的男孩，而多数施暴者则利用双方熟识的关系，对其进行哄诱或威逼鸡奸，直至被受害者家人知道并报官。对于这些年幼无知的男孩而言，他们所受到的同性侵害的威胁，更多是来自日常生活中频繁出现在他们身边的那些年长的熟人。

第五节　旁人杀死主动者

这种情况是指受害者遭到求奸后，告诉家中男性长辈，如父兄叔伯等，后者愤而杀死施暴者；或是受害者遭遇求奸时被旁人撞见，之后旁人出手相助，杀死施暴者。在这种情况下，施暴者不管是图奸未成还是强奸已成，其求奸行为均被旁人撞见，因此无法在四下无人的情况下继续加害受害者，于是受害者才得以告知家人。与前文所论的受害者家人报官不同，这类情况下的部分受害者家人选择手刃施暴者。

如发生于道光十八年二月吉林的案件，施暴者是 43 岁的单身男性孙德幅，受害者是 13 岁的男孩张小儿，两人事先并不认识。张小儿供称：

道光十八年二月初七日酉时，我寻找散放牛只，走回到家。北道上遇见孙德幅走来，从身后把我搂住，抱到道旁土坑内，叫我脱裤，欲要鸡奸。我不允斥骂。孙德幅把我合仆按地，撕破裤子，硬要鸡奸。我哭喊挣扎，幸遇有不认识二人走过惊散。我没被奸成，即跑回家，去向父亲哭告。父亲见我裤被撕破，就拿木棒带领我大哥张仁、二哥张义，并叫我同往赶捉。我们赶到韩城广纸房北树林内，把那人赶上。我父亲认是孙德幅，就向斥骂。孙德幅反逞横，说业把我撮弄的话。我父亲随叫张仁、张义把孙德幅揪按倒地，我父亲用木棒打孙德幅两腿十几下，孙德幅恶骂。我父亲解下系腰麻绳，把孙德幅两手倒背绑缚，又用木棒打孙德幅两腿几下。致先后把孙德幅两腿等处打伤，并把孙德幅两手腕及发辫绑缚揪采成伤。孙德幅住口。我父亲把他绑绳解开。经韩城广闻声赶到问明情由。迟时，孙德幅因伤身死。[①]

在本案中，张小儿路遇陌生男性孙德幅，被后者强行鸡奸未遂，之后回家告诉父亲，随后父兄等人一起找到孙德幅，将其打死。

第六节　被动者自杀

这种情况是指受害者遭到图奸之后选择自杀。这类案件共有14个，但其中一个案件中自杀的不是受害者，而是受害者的父亲。

---

① 内阁刑科题本，道光十九年四月二十二日，02-01-07-3244-008。

一 案件概述

在案发年代方面，这 14 个案件中，最早的发生于嘉庆七年（1802）六月，最晚的发生于光绪八年（1882）四月，时间跨度达 80 年。具体而言，发生于嘉庆朝的有 4 件，发生于道光朝的有 7 件，发生于咸丰朝的有 2 件，最后一件发生于光绪朝。

在案发地区方面，北有盛京奉天府，南有广东潮阳县，东有浙江，西有陕西。具体而言，山西和直隶各有 3 件，盛京和河南各有 2 件，山东、陕西、浙江和广东各有 1 件。

在主、被动者双方的年龄方面，这 14 个案件中，有 12 个图奸者有年龄信息，其平均年龄是 33.75 岁，比全部主动者的平均年龄（34.21 岁）小近半岁；也有 12 个受害者有年龄信息，他们的平均年龄为 17.17 岁，比全部被动者的平均年龄（19.14 岁）年轻近 2 岁。

在双方的关系方面，邻居和一同做工关系各 5 对，偶遇关系 2 对，雇佣和师徒关系各 1 对。

在图奸原因方面，有一个图奸者未说明原因，其余 13 个案件中，因为被动者年轻而起意图奸的有 8 起，因为被动者光赤身体而起意图奸的有 4 起，因为被动者貌美而起意图奸的有 1 起。

在受害者的职业方面，教书先生、念书学生、务农者、木匠、开店铺者、乞丐各 1 人，佣工 5 人，无业幼童 3 人。可见，士农工商都有。在图奸者的职业方面，11 人有职业信息。其中，教书先生 1 人，佣工 4 人，做买卖的 3 人，僧人 2 人，乞丐 1 人。

至于被动者自杀的原因，不外乎两点：气愤和羞耻。前者单纯是因为受到欺侮而生气，而后者则侧重于耻辱感。

二 案例分析

下面论述几个各具特色的案例。

案例一，受害者由于在遭到图奸后继续受到暴力欺凌而自杀。

本案发生于嘉庆十年闰六月广东潮阳县，主动者是 27 岁的郑兴祖，他父故母存，有一个胞兄、两个胞弟；被动者是 17 岁的张阿番，他跟随父亲张进容以及胞弟张阿堪，在土名砂垄市开饼铺。主、被动者双方"住居相近，一向熟识"。郑兴祖供称：

> 嘉庆十年闰六月十七日傍晚，小的往村后溪边洗脚，适张阿番到溪挑水。小的见他年轻，起意哄诱鸡奸，上前拉手。张阿番不依喊骂。小的吓说，若不依从，定难安居的话。张阿番就跑去了。到二十日，小的探得张阿番父亲张进容往县城买货，起意纠人抢毁张阿番铺内货物，挟制成奸。就向兄弟郑只目、郑阿贵、堂哥子郑阿粒、族人郑阿毛告知情由，并邀他们相帮前往，毁抢得赃分用。兄弟们应允。那夜三更时候，小的带同兄弟郑只目们共伙五人，俱各空手，走到张阿番铺前。小的叫郑阿毛捏说买饼，叫开铺门进铺，把他饼炉器具打毁，并抢取银钱货物跑走。张阿番喊同铺邻郑逢杨们追赶，小的吓说，若不从奸，定要再来打抢。就同兄弟郑只目们，把赃物拿到小的家里查点，共抢得番银六圆、铜钱三千二百文、白糖三十斤、乌糖四十斤、灰面七十五斤、米四斗，作五股俵分各散。小的把抢得糖面各物拿往墟上，卖给不识姓名人得钱，同抢得银钱花用。不想张阿番忿急，就自缢死了。小的闻知，畏罪逃往各处躲避，今被兵役拿获解案的。

被动者张阿番的父亲张进容转述儿子自杀原因："儿子张阿番转回，向郑逢杨们说，被郑兴祖屡次逼奸，铺内货物又被毁抢，不能开店，气忿不过，不如寻死拼命。"[1]

在本案中，主动者因为看见被动者"年轻"而"起意哄诱鸡奸"。遭到被动者拒绝之后，"起意纠人抢毁张阿番铺内货物，挟制成奸"。于是带着四个人，趁被动者父亲不在家的夜里，抢劫了被动者开的饼铺，并打毁了他们做饼的器具。事后还扬言说，被动者"若不从奸，定要再来打抢"，于是被动者"气忿不过，不如寻死拼命"，最终选择自缢。

可见，本案中的被动者是因为先"屡被逼奸"，而后生计又遭到破坏。被动者既不能接受被鸡奸，又无力改变被欺侮的局面，万般无奈之下，含愤自缢。

案例二，受害者遭到财物利诱图奸后被众人知道而自杀。

本案发生于嘉庆七年六月盛京奉天府，主动者是 41 岁的张朝刚，山东登州府莱阳县人，父亲早故，母亲 78 岁，有一个胞兄和一个胞弟，娶妻王氏，此外别无亲人。被动者是 22 岁刘二，也是山东人。他二人同在奉天府的和尚沟屯卖工。张朝刚供称：

> 嘉庆七年三月里，小的到孙起顺种地窝棚里住着，捡拾木耳。合刘二、崔魁在正房同炕存宿，周名士向在耳房睡宿。小的合刘二素日和好，并没戏谑别的缘故。六月十二日晚饭后，周名士仍到耳房睡觉。小的在正房炕西头睡，崔魁睡在炕中，

① 内阁刑科题本，嘉庆十一年五月十一日，02-01-07-2284-014。

刘二睡在炕东。因天热，南窗没关。半夜时小的睡醒，起来出外走动，回屋。那时，同炕睡的崔魁打呼熟睡。月光照见刘二光赤身体。小的一时起了淫心，想要鸡奸刘二，又怕刘二不依。小的不敢用强，也不敢手足勾引。小的心想，先拿话试试他，看他光景如何。随到东头炕里蹲着，悄悄向刘二说："这时崔魁睡熟，你若肯给我鸡奸，我给你银钱使用，你肯不肯？"不料刘二不依，坐起嚷骂。小的说："我不过说了一句话，你不肯就罢，不要生气。"崔魁惊醒查问。刘二说小的拿话调戏，要鸡奸他。那时，周名士也过来查问。刘二还是嚷骂。崔魁、周名士村斥小的不是，小的不敢抵赖，没有喷声。他们劝刘二不要生气，叫小的第二日给刘二赔罪，大家睡下。十三日早晨，小的起来，心想，做这没脸的事，住不得了。又恐刘二还要不依，偷空逃走，到别处卖工。不想，到十五日，乡约寻获小的，说刘二于十四日吊死，把小的绑上呈报的。①

在本案中，主动者提出以银钱作为鸡奸的交换条件，却遭到被动者的拒绝。但在另一些案件中，这种财物利诱的求奸方式是有效的，下文会详细论述。另外，主动者虽然是已婚男性，但依然受到被动者"光赤身体"的诱惑而"起了淫心"，进而想要鸡奸被动者，故在他身上体现了同性与异性这两种情欲共存的特点。但他羞于表明他对同性的欲望，因为他在图奸未成而被旁人知道后，觉得这是"没脸的事"而"偷空逃走"。像本案主动者这种在欲望与现

① 内阁刑科题本，嘉庆八年三月初九日，02-01-07-2207-001。

实之间挣扎的男性，在笔者所看到的一千多个案件中屡见不鲜。下文会专门论述该问题。

案例三，处于社会底层的乞丐在遭到图奸后选择自杀。

本案发生于嘉庆二十五年三月山东登州府宁海州，主动者是38岁的乞丐林大，被动者是18岁的乞丐王三。他二人都在"宁海州求乞度活"，相互认识。林大供称：

> 嘉庆二十五年三月十九日夜，小的把讨得钱文买酒喝醉，一时醉后糊涂，想起王三年轻，要想合他鸡奸。知道王三向合谭荣、朱得功都在泥沟村外场地草堆睡宿。走到那里，假说叫王三同到别处说话。那时已是三更时候，王三因已睡下，不肯同去。小的硬要拉走，王三哭嚷，当有巡役冯胜走到吆喝。王三不敢喷声，冯胜也就走了。小的把王三拉着，一同走到东园草窝里，强要奸他，王三不依。小的原说若不允从，明日把你捆起，送官拷问。王三回说，并没做贼犯法，不怕见官，越发哭嚷，没有成奸。小的怕人听见，当把王三放走。那知王三因羞忿不甘，当夜在柳林里自缢死了。

王三在自缢前见到的最后一个人是68岁的老乞婆王钟氏，她也是独身求乞度活。由于她"平日常替王三缝补破衣"，所以王三感激她，跟她交好。王钟氏供称：

> 三更时候，王三走来喊醒，送给小的一双皮鞋底子。告诉小的说，林大可恶，当着众人面前把他拉去，想要强奸，实在没脸见人的话，说罢就走了。小的向谭荣告知情由，因不见王

三，一同找寻。那知王三因羞忿不甘，已在柳林自缢身死。①

本案受害者虽然只是一个乞丐，但在遭到当众图奸之后，依然觉得"实在没脸见人"，并选择了自杀。值得注意的是，该乞丐只是被图奸，而非被鸡奸。从中可看出当时社会主流的道德观念对于鸡奸一事的排斥态度——连乞丐遭到图奸之后都会以死雪耻。

案例四，从受害者的性格角度解释其遭到图奸后自杀的原因。

本案发生于道光八年五月河南鹿邑县，主动者是 40 岁的赵骆驼，父母俱故，没有兄弟和妻子；被动者是 22 岁的赵潮，他二人"同姓不宗，邻近认识"。赵骆驼供称：

> 道光八年五月十三日午后，小的在村外树下乘凉躺卧，赵潮在旁拾柴。见他年轻干净，起意将他鸡奸，即以同小的赴地睡觉顽戏的话，向赵潮调戏。赵潮不依村骂，转身就走。小的追赶不上，原说日后总要设法把他鸡奸的话。不料赵潮羞忿不过，乘间自缢身死。

赵潮在死前最后见到的人是邻居赵曾和赵檠，他们供称：

> 赵潮为人孱弱重脸，平日口无戏言。道光八年五月十三日，小的们与赵潮的胞叔赵娃在门首闲谈，见赵潮从村外含泪回来，告说他在路旁拾柴，有赵骆驼在彼乘凉，出言向他调

---

① 内阁刑科题本，道光元年九月十四日，02-01-07-2786-015。

戏，他不依斥骂，转身逃走。赵骆驼在后追赶不上，口称日后总要设法将他鸡奸的话。赵潮又说，被人如此欺辱，实在无颜做人。当经小的们劝解走散。随后听得赵娃喊说，赵潮自缢，忙来帮同卸救，已经气绝身死。[①]

在本案中，受害者赵潮的性格是"孱弱重脸，平日口无戏言"，是一个孱弱但严肃且重脸面的人。所以，当主动者图奸他未成并说"日后总要设法把他鸡奸"的时候，赵潮才会信以为真，并产生"被人如此欺辱，实在无颜做人"的想法，最终选择自杀。

案例五，儿子遭遇图奸之后，父亲自杀。

本案发生于道光十一年五月河南河内县，主动者是21岁的已婚男子蔡双喜，他父亲已故，母亲63岁，没有弟兄和子女；被动者是16岁的杨德金。主、被动者是街坊邻居，素识无嫌。以下是蔡双喜的讲述。

道光十一年五月初九日，黄昏时候，小的酒醉，在村外社庙前闲晃，与杨祥云儿子杨德金撞遇闲谈。小的见他年轻，四顾没人，起意图奸，就说若肯与小的奸好，给他钱文使用。杨德金不依嚷骂，举脚乱踢。小的用手打他腮颊两下，都没成伤。杨德金跑走。小的害怕，也跑往别处躲避。随后，杨祥云们往寻小的理论未见，在门首叫骂。经母亲赔礼劝回。十三日傍晚，小的回家查知生气，就赶到杨祥云门

---

① 内阁刑科题本，道光九年五月初四日，02-01-07-2984-018。

首吵嚷。杨祥云出来斥骂，小的回骂。杨祥云赶拢扑殴，小的拔出身带小刀……经旁人走来劝散。杨德金控案验讯。小的恐问重罪，不肯承认图奸，捏说杨德金借欠小的钱一千文没还，向索欠钱起衅。当将小的收禁……那知杨祥云因小的将杨德金图奸，狡赖不认，反去寻闹争殴，并证捏杨德金借欠钱文，抱忿投井身死。①

在本案中，蔡双喜因为看见杨德金"年轻"，而"起意图奸"。图奸未成后，蔡双喜因害怕而"跑往别处躲避"。而杨德金则告诉其父杨祥云，于是杨祥云去蔡双喜家叫骂，经蔡双喜的母亲赔礼才完事。可是蔡双喜得知此事后，又跑去杨德金家吵嚷，并与杨祥云发生争执，杨德金于是"控案验讯"。随后蔡双喜害怕因图奸一事而被问重罪，就捏称是杨德金欠钱不还才起的争执。谁知杨祥云因为蔡双喜先图奸其子，后又"狡赖不认，反去寻闹争殴"，急怒攻心之下，投井身死。因此，本案中被图奸者的父亲自杀的原因是两方面的：对方图奸其子带给他的羞辱；对方狡赖诬陷带给他的气愤。

案例六，被图奸者及其母亲双双自尽。

本案发生于光绪八年四月山西宁武府宁武县，图奸者是 29 岁的李澶，他父母俱在，有一胞弟，娶妻无子。他于"光绪元年考取文生，嗣因不守学规斥革，向在徐连院内设馆训蒙"。受害者是 13 岁的徐万彝，他"从李澶读书"，二人是师生关系。徐万彝的父亲是徐连，母亲是徐李氏。案情如下。

---

① 内阁刑科题本，道光十二年九月初五日，02-01-07-3069-021。

光绪八年四月初九日，学徒均赴邻村牛心寺赶会，独徐万藓前去念书。晌午时分，徐万藓在炕睡熟，李瀍见其貌美，起意鸡奸。当将徐万藓唤醒，解开中衣用言调戏，并称如从此事，日后再不责打。徐万藓不肯，啼哭，并未成奸。李瀍恐人听闻，用言骗哄。后徐万藓回家，将前情向伊母徐李氏告述，并有无脸为人、不肯上学之言。徐李氏当即寄信令徐连回家。十二日徐连回家，徐李氏哭诉情由，徐连闻知生气，即邀李瀍至家，斥其不应调戏之非。李瀍赔礼说情，并愿给银息事。徐连等俱未应允。李瀍畏惧，起意装伤诬告挟制。回至书馆，自用砚石殴伤额颅，推翻书桌。控经该县批饬传讯，李瀍与徐连先后赴县投审。同寓高升客店，经掌柜柴凤鸣询知丑事，各向劝解息讼。李瀍应允，徐连恐被人耻笑，亦勉强允从，言明回家与伊妻徐李氏商量等信。至二十八日，徐连甫抵家内，徐李氏同徐万藓因羞忿莫遏，吞服鸦片烟膏，毒发喊叫。徐连问明情由，用药灌救无效，至傍晚时分，二人均毒发殒命。[①]

在本案中，塾师李瀍因见学徒徐万藓"貌美"而"起意鸡奸"，但遭到徐万藓拒绝。之后徐万藓向其母告知该事，并说"无脸为人，不肯上学"，其母立刻写信给远在外地煤窑打工的丈夫。徐万藓的父亲回来后，得知此事很生气，训斥李瀍。李瀍先是赔礼说情，后来又说愿意给银钱，但徐万藓的父亲决定告官。这时，李瀍就"起意装伤诬告挟制"，然后用砚台砸伤自己头部。两人先后到县城投审，住进同一家客店。在客店老板的劝说之下，徐万藓的

---

① 内阁刑科题本，光绪九年十一月初七日，02-01-07-4090-025。

父亲勉强同意息讼。但就在他回到家里时，却发现妻子和儿子均已"吞服鸦片烟膏，毒发喊叫"。他连忙"用药灌救"，但为时已晚，"至傍晚时分，二人均毒发殒命"。

从本案可以看出，对年仅13岁的男孩而言，被图奸就等于女性失贞，唯有以死殉节。不仅如此，儿子遭到图奸对于整个家庭而言同样是难以承受的耻辱，其母亲也选择以死殉节。

通过上述案例可以看出，在清代乡村社会，对有些人而言，遭遇同性图奸所带来的耻辱只能导致自杀甚至连同父母一起自杀。之所以会出现这种结果，固然有这些自杀者的性格及其所受到的道德教化等具体的和个人的原因，但显而易见的是，整个社会都认为遭遇鸡奸是一种奇耻大辱。于是，在这种普遍的社会观念背景之下，一些道德感和自尊心较强的人在遭遇图奸后，就必将通过自杀这种决绝的方式来洗刷耻辱。

小 结

本章主要讨论主动者的同性情欲遭到拒止的种种情况。一方面是被动者面对主动者情欲的拒止表现，包括拒杀、隐忍、报复和自杀；另一方面是被动者的家人面对主动者情欲的拒止表现，包括报官和怒杀。

根据本章各案例分析可知，同性情欲受到拒止的普遍原因，是清代乡村社会的主流观念认为男性之间的鸡奸是一种奇耻大辱，尤其是对于那些被鸡奸或被图奸的男性而言，其所受到的耻辱几乎等同于女性被调戏或强奸后失去贞洁的耻辱；即对于一个男性而言，不管是被图奸还是被鸡奸，他作为一个正常的社会化男性的特征——如男子气概、男性声誉、男性社会地位等——就会受到几乎不可逆转的耻辱性的毁灭，而且这种耻辱还会玷污他的家庭乃至整个家族。当然，鸡奸的耻辱同样存在于主动者身上，他们在被人发现自己鸡奸同性之后也会觉得没脸。但总体而言，鸡奸行为给被奸者带来的耻辱要远大于主动者。

于是，受到这个普遍存在的社会观念的影响，不同被动者在遭到图奸或鸡奸时的不同反应，就可以体现出他们各自极大的个体差异。同样是面对图奸或鸡奸，有人当场反击并拒杀主动者，有人事后立即报复，有人一再隐忍之后才报复，有人自杀。从前文所举案例可知，这种种不同反应似乎更多地体现了不同被动者的性格差异。比如，同样是十来岁的男孩遭到图奸，有人一心想要报复，最终在26年后手刃仇人；而有人则选择立即自杀。又如，同样是遭到图奸的乞丐，有人就会伺机报复，而有人则选择自杀。同样，受害者家人在得知亲人遭遇图奸或鸡奸之后，选择报官或报复的不同反应，也体现出极大的个体差异。

具体来说，这些个体差异可以通过被动者在面对图奸或强奸时选择隐忍的种种原因得以解释：被动者怕传扬出去有损颜面；旁人劝被动者不要声张以免有损颜面；主动者或者事后赔礼道歉，或者力大凶横；被动者担心报官会影响自己参加科考的前途；被动者担心报官对自己不利。可以看出，这些原因都是不同被动者在面对不同的具体情况时，结合自身实际所做出的实事求是的选择。

值得注意的是，在上述种种拒止方式中，报官所占比重很小，而且报官者多为受害者的家人或第三方目击者，罕有受害者自己报官。根据前文分析可知，受害者在遭到图奸或鸡奸后选择不报官的原因，大多是担心自己的遭遇被周围人知道后有损颜面，也有部分原因是担心自己是穷人，报官的话反受拖累。当然，也有很多被动者在拒绝主动者求奸之后，发现对方已被自己失手杀死，那就更不会报官。

因此，从上述种种隐忍原因可以推测出，在清代乡村社会中，必然存在一些遭到图奸或鸡奸后选择隐忍的人。由于他们选择隐忍而非报复，于是他们的经历就无法出现在刑科题本等记载中，只能湮没于历史。

综上，在清代乡村社会中，一个男性拒绝另一个男性的同性情欲，主要是因为社会上对于同性情欲的耻辱性观念。而不同个体在面对同性情欲时的不同反应，则体现出不同实际情况之下的个体差异。

第三章　情欲的转化

本章主要讨论主动者的情欲在遭到拒止后，转化成若干其他情绪及其原因。根据案情，主动者情欲在遭到拒止后，主要会转化成三种情绪：忧虑、羞耻与愤恨。

情欲转化成忧虑的原因主要有三种：主动者担心奸情败露后没脸做人，主动者害怕被告官治罪，以及主动者害怕受害者家人的报复。忧虑的结果就是当场杀死受害者。情欲转化成羞耻的原因是主动者担心个人声誉受损，即如前文所述整个社会对鸡奸行为的耻辱性观念。羞耻的结果分别是主动者赔礼、隐忍、杀死对方和自杀。情欲转化成愤恨的原因主要有四种：因爱生恨、因妒生恨、因怒生恨、因辱生恨。结果是愤恨转化成杀意。

第一节　情欲转化成忧虑

这种情况指主动者的同性情欲遭到被动者拒止之后，被动者的反应进而引起主动者的种种忧虑，主动者最终决定当场杀死被动者。

分析案情可知，主动者的情欲遭拒止之后当场杀死被动者的案例有 86 个。其中有三个特点：一是均发生于室内独处或户外无人时，故没有旁人介入；二是被动者都声称要告诉家人，而不是哭着走开，这显然会刺激主动者起意灭口，而这点与上文所述的被动者家人报官的情况刚好相反；三是被动者年龄较小。以上三点决定了主动者能够当场杀死被动者。

下面分析在主动者由于忧虑而当场杀死被动者的 86 个案件中，双方的年龄分布。经过统计，共有 78 个被动者有年龄信息，其平均年龄为 13.27 岁。其中，最幼者 6 岁，最长者 22 岁。其年龄分布如表 3-1。

表 3-1　主动者因忧虑而当场杀死的被动者的年龄人数分布

单位：人

年龄（岁）	人数	年龄（岁）	人数	年龄（岁）	人数	年龄（岁）	人数
6	1	10	4	14	14	18	2
7	1	11	6	15	8	19	1
8	4	12	7	16	6	21	1
9	5	13	11	17	6	22	1

与之相应的主动者中共有 74 人有年龄信息，平均年龄为 29.96 岁。其中，最年轻者 15 岁，最年长者 52 岁。其年龄分布如表 3-2。

表 3-2　因忧虑而当场杀死被动者的主动者的年龄人数分布

单位：人

年龄（岁）	人数	年龄（岁）	人数	年龄（岁）	人数	年龄（岁）	人数
15	1	18	1	20	4	22	4
17	2	19	3	21	2	23	3

年龄（岁）	人数	年龄（岁）	人数	年龄（岁）	人数	年龄（岁）	人数
24	4	30	5	38	3	45	1
25	4	32	2	39	1	46	1
26	1	33	3	40	2	48	2
27	2	34	2	41	1	52	2
28	6	35	4	42	1	—	—
29	3	37	3	44	1	—	—

上述双方共有 71 对年龄差信息，其平均年龄差为 16.06 岁。其中，年龄差最小为 3 岁，最大为 35 岁。其年龄差分布如表 3-3。

表 3-3 因忧虑而当场杀人情况下双方年龄差数量分布

单位：岁，对

年龄差	对数	年龄差	对数	年龄差	对数	年龄差	对数
3	1	11	2	19	1	27	1
4	2	12	3	20	1	29	1
5	1	13	3	21	5	30	1
6	1	14	5	22	2	33	1
7	2	15	3	23	3	35	2
8	5	16	4	24	2		
9	3	17	1	25	4		
10	7	18	3	26	1		

从上述年龄信息可知，主动者可能是 30 岁左右的成年男性，而被动者有些是 13 岁出头的男孩，约 16 岁的年龄差意味着双方在身体力量上悬殊的强弱对比。

于是，当被动者遭到图奸或鸡奸后声称要告诉家人时，主动者在忧虑之下看到四下无人，而眼前又只有一个男孩，他脑中最先想到的避免奸情败露的方法，自然是简单粗暴的灭口。

下面分别讨论主动者产生忧虑情绪的原因。需要说明的是，以下三种忧虑的原因通常并非单独出现，而是几种兼有，因此以下案例仅以各自较为强调的原因为准。

一 主动者害怕没脸做人

这种情况是指被动者在遭到图奸或鸡奸之后，声称要将此事告诉家人，从而让主动者担心自己颜面无存而没脸见人，于是起意灭口。其结果分两种，一是主动者当场杀死被动者，二是主动者杀死声称要张扬奸情的知情旁人。

（一）主动者杀死被动者

如发生于嘉庆十年四月山西平安州寿阳县的案件，主动者是28岁的单身男性杨继安，被动者是12岁的杨五周子，两人同姓不宗，一村居住，并无仇隙。杨继安供称：

> 嘉庆十年四月初四日午后，小的在家里喝醉了酒，拿了一把宰羊的刀子，到堂叔杨明槐园地里割韭菜。走到村外，见杨五周子拉驴走来，合小的撞遇。小的酒后糊涂，见杨五周子年轻，起意要把杨五周子鸡奸。那时四面没人，小的就用手摸杨五周子的屁股。杨五周子嚷骂，说回家要告诉他父亲，合小的不依。小的怕事败露，没脸见人，一时着急，起意致死灭口。用左手把杨五周子的胸前衣服扭住，右手用刀在杨五周子咽喉上扎了一下。杨五周子跌倒地上，就气绝身死。小的就用土擦刀上的血。当有杨蚕妮

子、杨白狗子走来看见，回村喊叫。经牌甲杨进连走来，把小的拿住送案的。①

杨继安酒醉后偶遇杨五周子，因见四下没人就想鸡奸对方，而杨五周子一边拒绝一边声称要告诉他父亲，这时杨继安怕事情败露，没脸见人，于是一时着急，就当场杀死杨五周子。可以看出，本案是此类情况中的典型案例，满足上述所有特点。

（二）主动者杀死知情旁人

这类情况虽然不属于主动者当场杀死被动者，但是依然体现出主动者的情欲转化成忧虑的特点，故在此一并列举。

如发生于嘉庆十年五月山西汾州府平遥县的案件，主动者是32岁的僧人新法，被动者是其21岁的徒弟广明，知情旁人是新法的师父空申。新法供称：

> 嘉庆元年上，小的收广明为徒。三年十月里记不清日子，小的强逼广明成奸，后来奸宿不记次数。师父空申并不知情。六年上，小的又收广宁为徒。十年五月二十一日夜，师父与广宁在东厢房睡宿，小的与广明在西厢房睡宿。四更时候，小的又要与广明行奸。广明因有病，不肯。小的不依，用拳在他脊背上打了两下。广明喊叫，师父听见，起来查问。广明告知情由，师父把小的村骂。小的顶撞，师父生气，说要到钟楼鸣钟，叫村人把小的撵逐。小的恐怕奸情败露，不能做人，起意要把师父打死。就在墙上拿了一块砖，

---

① 内阁刑科题本，嘉庆十年十月初十日，02-01-07-2265-020。

赶到师父屋里，用砖在师父发际上打了一下。师父扑跌倒地，翻身想要起来，小的又用砖在师父额颅、额角、左右太阳打了几下。广明们把小的拉劝歇手。把师父抬到炕上，师父当时就死了。[①]

在本案中，僧人新法将自己的徒弟广明强行鸡奸长达七年，随后被师父空申察知。两人发生口角后，空申要将新法赶出寺门，新法担心奸情败露而不能做人，遂起意杀死自己的师父。

二 主动者害怕告官治罪

这种情况是指被动者在遭到图奸或鸡奸之后，声称要将主动者告官治罪，于是主动者在忧惧之下起意灭口。值得注意的是，主动者不管是图奸未成还是鸡奸已成，都怕被治罪。

（一）主动者图奸未成

如发生于嘉庆十一年三月广东广州府新宁县的案件，主动者是29岁的单身男性余亚得，被动者是13岁的李从女。余亚得供称：

嘉庆十一年二月初八日，有同县交好的李立基，携带幼侄李从女到墟补锅，寄住小的铺内。三月十三日早，工人张亚随向小的并李立基告知，他路过墟尾，见李从女拿火镰三张，卖给不识姓名人，得钱九文，买吃果饼。料是在铺内偷去。李立基就同小的点查铺内火镰，果然缺了三张。隔不一

---

① 内阁刑科题本，嘉庆十一年三月十二日，02-01-07-2277-011。

会，李从女转回，李立基查问。李从女自认十二日晚偷去，今早转卖。李立基把李从女训责，小的同余亚帼们劝止，并因火镰值钱无几，不要赔偿。下午时候，李立基有事回家，把李从女托交小的们照管。那夜二更时候，小的因李从女年少，独自在后进住宿，起意图奸。那时，余亚帼已在前进睡熟，张亚随往外出恭。就往李从女房内，走到窗前，拉裤求奸。李从女喊骂，并说伺李立基回铺，告知控究。小的一时气忿，又怕李立基得知，告官治罪，起意把李从女杀死灭口。适余亚帼闻声赶进，小的密向说知，邀他相帮。余亚帼不肯。小的吓说，如不听从，事露定要扳害，余亚帼害怕应允。小的拿取麻绳一条，打成双股活结，纠余亚帼捉住李从女两手，自把麻绳套入李从女项颈，擦伤右颔颊下，随拉住绳头，用力狠勒，李从女就气闭死了。张亚随回铺看见，向小的盘问。小的料难隐瞒，把前情告知，嘱勿声张。因李立基把李从女托小的们照管，现经勒死，李立基转回查问，难以回答。又同余亚帼把李从女尸身移吊房内木桩上，装作自缢情形。随各跑散。次早，李立基到铺，不料张亚随告知情由，投保禀验，饬差查拿。①

在本案中，余亚得因为李从女年少而起意图奸，遭到李从女拒绝，并声称要告知控究，余亚得害怕被告官治罪，于是起意灭口。

（二）主动者鸡奸已成

如发生于嘉庆十二年十二月福建福州府福清县的案件，主动者

---

① 内阁刑科题本，嘉庆十二年十月二十七日，02-01-07-2332-007。

是 33 岁的单身男性林基基，被动者是 11 岁的男孩吴世栋，两人素识无嫌。林基基供称：

> 嘉庆十二年十二月初六日下午时候，吴世栋赴墟，卖完粉包，携了空筐在村后社庙坐歇。小的经过看见，因他年幼，四顾无人，一时起意图奸。随即进庙，掩闭庙门，把吴世栋搂住，合面按倒地上。吴世栋在地挣扎，磕伤右额角，垫伤左肋，擦伤右胳膊、胸膛、左膝、右脚踝等处。小的用手拉裤，致指甲抓伤他左右腿、左臀，强行奸污。吴世栋哭说回家告诉父母告官究治。小的害怕，起意致死灭口，就用右手紧搯他食气嗓，立时气绝。顺便剥取他身上蓝布长衫一件、青布短袄一件、破蓝布裤一条、铜钱四十文。把尸身同木筐移放庙旁桥下水沟，当即走回。次日，小的把青布袄、蓝布裤携赴墟场，卖与不识姓名人，得钱一百二十文，同剥取钱文一并花用。还有蓝布长衫一件，藏在家里。①

在本案中，林基基强行鸡奸吴世栋后，吴世栋声称要告官究治，于是林基基起意灭口。

三 主动者害怕被动者家长不依

这种情况是指被动者在遭到图奸或鸡奸之后，声称要告诉父母等家人，主动者因害怕被动者家人报复而起意灭口。

如发生于道光元年二月山东兖州府滕县的案件，主动者是 20

---

① 内阁刑科题本，嘉庆十三年十月二十七日，02-01-07-2369-010。

岁的未婚男性李大小，被动者是 10 岁的男孩杨银，其父杨兴。两人邻村居住，一向认识。李大小供称：

道光元年二月十七日，小的到杨银村外走过，见杨银合杨娃、龙路在河墟玩耍，杨银粪箕、粪爬放在一旁。小的因杨银貌美，一时起了邪念，想他鸡奸，哄他说沟里有粪，叫他去拾。杨银不理。小的就拿粪箕、粪爬先走，杨银随后跟来，杨娃们各自走散。杨银走到沟中，因见没粪，又要走回。小的顺拾地上柳条，扭作小哨，合他戏顽。小的就坐在地上，把杨银揽在怀里，捏说替他捉虱，买饼给他吃，哄他合小的行奸。杨银不懂人事，随即愿意。小的把他褪下裤子，叫他伏在地下，合他鸡奸。杨银害痛挣扎，小的把他按住。奸完，他啼哭爬起，说要回家告诉。小的恐怕杨兴知道不依，起意致死灭口。上前掐住杨银脖项，按倒地上，杨银两手乱抓。小的一手解下束腰麻绳，在他项颈缠过两道，用两手分勒，登时身死。小的怕他醒转，还恐怕他家访出实情，就用束腿小棉带把杨银两腿缚住，剥去衣裤，装点图财致死情形逃走。把衣裤拿到羊庄当铺，当得三百大钱花用，在附近坟茔空屋藏躲。不想杨兴寻见尸身，访出情由，把小的拿获解案的。①

在本案中，李大小因为杨银貌美而哄诱鸡奸，之后杨银声称要回家告诉父亲。李大小因害怕杨银的父亲知道不依，于是起意灭口。

———————

① 内阁刑科题本，道光元年十二月十三日，02-01-07-2795-006。

除了被动者的父亲外，被动者的母亲同样能够让主动者感到害怕。如发生于道光四年十月河南禹州的案件，主动者是 25 岁的单身男性贾贵，被动者是 13 岁的男孩郭安儿，两人同庄无嫌。贾贵供称：

> 道光四年十月十八日早饭后，小的携带铁镢到庄外张庭彩荒山内砍柴，见郭安儿也在那里拾柴，迫后同到山沟内坐歇。小的四顾无人，向郭安儿拉袖求奸。郭安儿不依辱骂，并说回家向他母亲告知、不肯干休的话。小的一时害怕糊涂，起意致死灭口。就用铁镢砍伤郭安儿额颅倒地，又连殴伤偏左、左右太阳，当时身死。小的回家，被叔祖贾文炳看出形色慌张，再三盘问，小的不能隐瞒，据实告知，央求不要声张。那知叔祖贾文炳投保禀究。①

在本案中，贾贵在四下无人时向郭安儿求奸，遭到拒绝，郭安儿还声称要告诉母亲，不肯干休，于是贾贵起意灭口。

第二节　情欲转化成羞耻

这种情况是指主动者图奸被动者未成之后，出于羞耻而向被动者赔礼，面对被动者的指责，选择隐忍或自杀。如前文所述，清代乡村社会认为男性之间的鸡奸行为对双方都是耻辱，虽然被动者受到的耻辱程度远大于主动者，但一部分主动者依

---

① 内阁刑科题本，道光五年七月二十三日，02-01-07-2884-015。

然会感到耻辱。下文将分析主动者面对鸡奸所带来的耻辱的种种反应。

一　主动者赔礼

这种情况是指主动者在图奸被动者未成后，经被动者指责而选择认错或赔礼。具体分为两种情况：主动者自行赔礼，以及主动者经第三方劝解后赔礼。值得注意的是，在刑科题本中，主动者的赔礼一般只是一个过渡阶段，之后双方依然会因此而继续发生争执。

（一）主动者自行主动赔礼

如发生于嘉庆八年五月甘肃皋兰县的案件，主动者是 32 岁的已婚男性刘悦，有两个女儿；被动者是 25 岁的刘允升。两人同姓不宗。刘悦供称：

> 嘉庆八年三月里，小的到案下新营镇地方寻工，央了族兄刘举荐到王化洽们布铺里做饭佣工，讲定每年工价五千大钱。刘允升在铺里帮伙。小的合他们平等称呼，彼此相好，并没仇隙。铺主王化洽们另在别处住宿，早来晚去。小的合刘允升同在铺内，各房住宿，时常彼此买酒同喝。五月初八日晚上，王化洽们都回家去了，小的在刘允升住的铺房里合他喝酒。到二更时候，彼此酒醉。刘允升脱衣上床睡了，小的又独自喝了一会酒，见刘允升已经睡熟，一时酒后糊涂，心想刘允升年轻，素合小的喝酒交好，起意要鸡奸他，就到床前揭开他身盖棉被，用手摸他下身。不料刘允升惊醒坐起，把小的村骂。小的自知无礼，求他不要声张，他总不依。小的又向他磕头道罪，他还说且等

明早告知王化洽们合小的当官理论。他又睡下。小的回到厨房，心想干了这丑事，若被送官，定要治罪，就是逃走了，也总被他说出缘故，没脸见人。心里着急，因此起意把他致死灭口。等到三更时候，小的拿了切面刀子，走到刘允升床前，灯还照着，见他把右手掌枕着头，仰面睡熟。小的就用面刀砍去，致伤他右肩胛、右手心。刘允升惊醒，就用右手把刀一架，被刀又划伤右手腕。他侧转身来正要爬起，小的又用面刀砍他咽喉相连项颈，立时死了。小的把刀撩在地上，开了厨房后门，连夜逃出。日里从山僻小路行走，夜宿古庙空窑，并无一定住处。六月十三日才到本籍渭湾沟地方，还没到家，就被案下合平凉县公差盘住解案的。①

在本案中，刘悦因为自己酒醉糊涂、对方年轻且与之素来交好、对方睡熟等原因，而起意鸡奸刘允升，却遭到刘允升斥骂。刘悦自知做了无礼丑事，于是他的情绪发生如下转化，先是淫欲遭拒后转化成羞耻，然后转化成害怕被送官治罪或没脸见人的忧虑，最后转化成灭口的杀意。同时，刘悦作为一个已经有两个女儿的已婚男性，依然会对年轻同性产生情欲，再次表明部分男性对于异性和同性的情欲具有兼容性。

（二）主动者经第三方劝解后赔礼

如发生于道光十六年二月河南确山县的案件，主动者是32岁的已婚男性李万才，生有两子；被动者是18岁的申毛。两人邻居

---

① 内阁刑科题本，嘉庆九年四月十二日，02-01-07-2231-021。

无嫌。李万才供称：

> 道光十五年十一月不记日期，女人回母家探望。那夜，小的邀申毛陪伴，同床歇宿。小的潜将申毛抱住图奸。申毛不依斥骂，起身走避，告知他母亲申李氏，要去控告。小的恐到官问罪，央允地保潘后勉同申第四和处，出给钱四千文息事。十六年二月初二日傍晚时候，小的携斧砍柴，与申毛撞遇。申毛又向小的混骂，小的回骂。申毛扑殴，小的用柴斧砍伤申毛顶心倒地。申毛滚骂不止，并说仍要告官究处。小的气忿，起意致死。就用斧连砍申毛偏右额颅、脑后、右耳根，歇手。过了一会，申毛因伤身死。小的投知地保，到案自首的。①

在本案中，李万才图奸申毛未成后，央求地保等人调解，李万才以给申毛四千文钱而息事。但两人之后偶遇时，申毛继续斥骂李万才，于是双方发生争执，李万才杀死申毛。

从本案可以看出，在清代乡村社会中，图奸一事可以通过地保等具有一定特殊身份地位的人来调解。"清代社会，遇到纠纷，第一步就是亲邻调解。调解不成，才会有一方的当事人告上法庭'打官司'。但是，进入官府，并不意味亲邻调解就此停止。相反，他们会更积极地试图解决问题。同时，当事人因为事情搞得严重了，又或是以为庭判将会对自己不利，常会在这种情况下，作出进

---

① 内阁刑科题本，道光十六年九月初九日，02-01-07-3185-002。

一步的退让。这样，事情很可能就此解决。"① 但是，本案的结果却在一定程度上说明，在涉及鸡奸的问题上，图奸者花钱调解有时只能换来暂时的和表面上的和解，而无法从根本上化解被图奸者心里的耻辱和愤恨，直至引起进一步犯罪。

（三）主动者赔礼后继续图奸

这种情况是指主动者求奸被动者未成后，可能因自知理亏而向被动者赔礼，但之后仍然会再次向被动者求奸。

如发生在道光五年正月山西岳阳县的案件，主动者是 43 岁的单身男性赵二暑，向在岳阳县开设饭铺生理；被动者是 14 岁的赵生成。赵二暑供称：

> 小的因目不识字，因知赵登魁儿子赵生成读书识字，道光三年五月里，雇赵生成到铺写账帮工，每年工钱四千文。平日尔我相称，并没主仆名分。四年六月里不记日子，小的吃酒醉了，因见赵生成年轻，一时动了淫念，起意图奸，就用言向赵生成调戏。赵生成不依嚷喊。小的恐被街邻听见，当向赵生成赔情，央勿声张。赵生成当要回家，小的因路远，赵生成年轻，恐一人难行，允许他有伴送回。五年正月初六日，小的合赵生成自岳阳起身回家，走到郭都村，天晚投店，把小的合赵生成行李都搬到小窑里同住，叫赵生成在窑看守行李，小的先到前面饭铺吃饭喝酒，有些醉了。走回小窑，叫赵生成出去吃饭。小的因见店内没别的住客，店家柜房相

---

① 黄宗智：《清代的法律、社会与文化：民法的表达与实践》，重版代序，法律出版社，2014，第 6 页。

离小窑又远，一时酒醉糊涂，又想图奸赵生成，就把小的合赵生成铺盖都铺在一处，先行脱衣睡下。因心邪欲奢，致精自泄，沾在赵生成裤子上。随后赵生成近来找寻他的铺盖不见，向小的查问。小的告知铺在小的身下，就叫他合小的同睡求奸。赵生成不依哭嚷。小的怕被店家听见，又向赵生成赔情，央勿声张，并没成奸。赵生成才隐忍不言。小的起身，就把赵生成铺盖交还另睡。以后住店，赵生成就在另房睡歇。那知赵生成于初十日到家，向他父亲赵登魁告知，于十三日把小的控案蒙批讯究。小的因没把赵生成奸成，原扬言调奸，并无证据，到官可以狡赖。不想赵登魁羞忿不过，到十四日就投井身死。[①]

在本案中，赵二暑两次酒醉图奸赵生成未成，而后两次向对方赔礼，最终导致赵登魁投井自尽。可以看出，对于部分男性而言，他们总是无法在酒后控制自己对于同性的情欲；遭到拒绝后，他们又总是妄图利用形式化的赔罪来安抚对方，以免自己的丑事被张扬出去。而受害者如果在遭遇图奸后一味隐忍的话，只会招致对方继续图奸。

二　主动者隐忍

这种情况是指主动者图奸被动者未成之后自知理亏，由于耻于让自己的丑事被旁人知道或担心被送官治罪，于是对被动者的责骂选择隐忍。在刑科题本中，隐忍同样只是一个过渡阶段，之后双方

---

① 内阁刑科题本，道光六年八月二十日，02-01-07-2916-007。

依然会发生争执。根据案情可分为两类：只有双方当事人知情的隐忍，以及经外人劝解后的隐忍。

（一）只有双方当事人知情的隐忍

如发生于道光四年十二月直隶晋州的案件，主动者是 35 岁的单身男性刘二瞪，被动者是 21 岁的刘红儿，二人同姓不宗。刘二瞪供称：

> 小的合刘红儿、刘急赌都在本村马王庙住歇，讨乞度日。刘红儿合小的向在东屋同铺睡觉，刘急赌在西屋睡宿。道光四年十一月不记日子夜里，小的睡醒，一时动了邪念，抱住刘红儿，要想鸡奸。刘红儿不依，把小的肾囊抓伤，没有奸成。第二日早上，刘红儿向小的辱骂，还说要合小的拼命。当有刘急赌走去查问，小的们没有告诉缘由，刘急赌就把小的们劝散。后来刘红儿时常辱骂，小的因自己没理，只得隐忍，没有合他较论。到十二月二十六日，小的雇给刘洛条家斩草，乘空偷了一把劈柴铁斧，掖在腰边，拿回庙里藏放。二十七日晚上，小的合刘红儿都在庙里。刘红儿自说没钱过年，要去偷树，卖钱花用。小的想要合他联络，消释前嫌，原说："我有斧子，可以同去偷窃。"刘红儿应允。小的带着斧子，合刘红儿一同出庙，走到村南刘玉僧地内树下，刘红儿叫小的上树，先把树枝砍下，小的不肯。刘红儿就说小的从前把他欺侮，没有报复，如今叫小的上树，又不依从，他总不肯干休的话，说着就走。小的因想刘红儿时常辱骂，如今又说不肯干休，将来定要受他的害，不如先把他杀死，以绝后患。小的就上前，乘他不备，用斧子向他脑后砍了几下，刘红儿跑了两步，绊跌倒地。小的

又用斧在他脸上身上乱砍了几下。因心慌黑暗，也记不清先后部位。刘红儿不能动弹，小的料他已死，也就歇手，把铁斧藏在刘洛条家场院鸡窝里。当夜逃往各处，仍旧日里讨乞，夜宿空庙，并无一定住址。不想，到五年正月十八日就被差役拿获送案了。①

在本案中，刘二瞪因图奸刘红儿而被刘红儿时常辱骂，他自知没理，故只能隐忍。二人再次因故发生争执后，刘红儿说对刘二瞪不肯干休，最终让刘二瞪起意灭口。可以看出，一些男性在图奸未成后，并不会选择当场杀死对方，而是首先自知理亏，然后选择隐忍，甚至之后还想跟对方消释前嫌。

（二）经外人劝解后的隐忍

如发生于光绪元年十月直隶承德府朝阳县的案件，主动者是尹奎，被动者是马洛小，双方素识，先无嫌隙。案情如下：

> 光绪元年七月间不记日期，尹奎至马洛小家闲坐。适值马洛小之父马才外出探亲，马洛小因家中寂静，留尹奎陪宿。是夜二更时分，尹奎因马洛小年少，忽萌淫念，欲将其强行鸡奸。马洛小嚷骂，尹奎虑恐人知，起意逃逸。次日马才回家，马洛小告述前情，马才气忿，找向尹奎不依，并欲送官究治。尹奎畏惧，烦人说合，备席赔礼完结。自后马洛小见面便骂，尹奎自知理亏，隐忍未较。十月二十七日，尹奎携带掀刀上山割草，适遇马洛小在彼牧羊。尹奎正欲走避，马洛小瞥见辱

---

① 内阁刑科题本，道光六年四月二十五日，02-01-07-2907-010。

骂，并称必欲告官治罪，方泄其忿。尹奎因思事经花钱赔礼，马洛小尚复屡向辱骂，一时愧忿莫遏，起意将其致死。即上前揪住马洛小衣襟按倒，向马洛小咽喉上狠扎一下，马洛小立即殒命。①

在本案中，尹奎图奸马洛小未成，而后被马洛小的父亲找到，声称要将他送官究治。尹奎畏惧之下找人说合，备席赔礼，但马洛小此后每当见到尹奎就斥骂，而尹奎自知理亏，只能隐忍。直到两人再次偶遇，发生争执，尹奎愧愤之下将马洛小灭口。

从本案可以看出，一个男性图奸未成而后自己又备席赔礼，那么此后他既要承受周围人将他视为图奸者的耻辱性注视，又要承受被图奸者可能忽然变卦而将他送官究治的风险。此外，还有被图奸者对他时常的辱骂。于是，在种种压力刺激之下，就不难理解他最终会起意杀死被图奸者。

三　主动者自杀

这种情况是指，主动者图奸未成之后被旁人知道，自己羞愧忧虑之下，起意自杀。在笔者所查阅的千余件刑科题本案件中，只有两个案件的主动者做此选择：一是主动者图奸未成后由于羞愧，起意杀死知情人而后自杀；二是主动者图奸未成后经旁人调解，而后旁人借机讹诈，主动者情急之下自杀。下面分别说明。

案例一发生于道光九年四月盛京奉天府承德县，主动者是28岁的吴秀汶，在岳秉彝、孟涓际钱铺里劳金生理；被动者是

---

① 内阁刑科题本，光绪三年三月十八日，02-01-07-3989-020。

17 岁的游烦祺，同铺学徒。二人同房住宿，素好没仇。吴秀汶供称：

> 九年三月二十日夜，小的合游烦祺、孟涓际同炕睡觉。小的因游烦祺年轻，意欲图奸，手拉游烦祺胳膊，向他调奸。游烦祺醒来，把小的手推开歇手。二十八日夜，小的还想调奸游烦祺。听孟涓际睡熟，伸手进游烦祺被窝摸他身子。游烦祺用手打小的胳膊，小的伸回，各自睡觉。后游烦祺怎样告知岳秉彝。四月初一日，岳秉彝叫小的搬进西间屋里，合他一炕睡宿，叫郭甸义搬出外屋，在小的住处睡宿，并没说出缘故。小的明知是游烦祺把小的调奸他的事向岳秉彝告诉，岳秉彝虽没说明，小的实已心里羞愧，总是愁烦难过。初十日夜，小的睡不着觉，细想一时错误，向游烦祺调奸，不料游烦祺告诉岳秉彝，看来难以存身，不如自己辞出。又恐去后岳秉彝们说出调奸的话，传扬出去，小的更难另找住处，不如自己寻死。又想死后，岳秉彝、游烦祺更不肯替小的隐瞒事情，总要败露。越想越恼，起意先把岳秉彝、游烦祺杀死，再寻自尽。时已天明，小的起来，拿了小刀，走到岳秉彝炕沿，用刀戳伤岳秉彝咽喉。岳秉彝惊醒，小的又戳他左肋。岳秉彝喊嚷动刀。小的急忙出屋，走到游烦祺炕沿，用刀戳游烦祺右血盆，游烦祺喊嚷，孟涓际、郭甸义起来。小的跑出院里，用刀连戳自己咽喉两下，把刀扔地。当被孟涓际们绑拿看守。游烦祺因伤身死，岳秉彝至十九日身死。[①]

---

① 内阁刑科题本，道光十年九月二十六日，02-01-07-3027-007。

在本案中，吴秀汶因图奸游烦祺不成，羞愧愁烦之下产生了一系列联想：想主动辞职出走，又怕自己走后，调奸之事传扬出去，自己更难找到落脚之处；想自己寻死，又怕死后调奸之事终将败露，自己仍是颜面无存。最终决定先杀死知情人，而后自尽。可以看出图奸者的情绪经历了羞愧、忧虑、愤恨的过程。

案例二发生于咸丰元年三月四川重庆府永川县，主动者是 32 岁的王代赓，被动者是 12 岁的侯定象，知情旁人是 24 岁的谢大升。侯定象供称：

> 咸丰元年三月初一日，我到王代赓家闲耍，王代赓向我调戏，用手摸我后臀，并说如肯与他鸡奸，许给鞋子一双。我不依，回家向父亲侯泳顺告知的。

而后谢大升供称：

> 咸丰元年三月初一日，王代赓因向侯泳顺的儿子侯定象调戏鸡奸未成，侯定象告知侯泳顺，邀同小的义父等去向王代赓理论。王代赓向侯泳顺服礼认错，义父等都代为劝解，侯泳顺就隐忍息事。随后义父出外贸易。十八日，小的因穷苦难过，想起王代赓调奸侯定象的事，起意吓诈钱文使用。下午走到王代赓家，说王代赓向侯定象调奸，私自和息，要王代赓给钱几千文，才免无事，如不给钱，定要告官究治。王代赓害怕，许给钱一千文，约等次日措办付交。小的各自走回。不料王代赓因没处措钱，一时情急，自行服毒死了。

最后是王代赓的母亲王李氏供称：

> 儿子说，谢大升为人凶横，如没钱送给，必被控告，一经到官，定要受罪，不如寻死的话。小妇人同邻人们向儿子劝慰一阵。不料儿子愁急不过，悄悄去向不知姓名人草药担上，买得毒鼠药一包，携回吞服。十九日早，儿子毒发难受，用手自把胸膛抓伤。小妇人问是服毒，当就灌救不活，不一会，儿子因毒死了。[①]

在本案中，王代赓因图奸侯定象未成，经谢大升的义父等人劝解，王代赓向侯定象的父亲服礼认错，后者才隐忍息事。但谢大升之后却借此向王代赓讹诈几千文钱，并称若不给钱就告官究治。王代赓愁急不过，服毒自尽。

从本案可以看出，在清代乡村社会中，对于部分男性而言，鸡奸所带来的法律惩罚的压力，要大于道德层面上的耻辱压力。其实，在上文所述的主动者图奸或鸡奸被动者后起意灭口的原因中，也有相当一部分是害怕被送官治罪。可见，主动者鸡奸之事败露后，他最害怕的两件事就是道德上的耻辱和法律上的刑罚。

第三节　情欲转化成愤恨

这种情况是指主动者图奸被动者后，遭到被动者拒绝，其情欲

[①] 内阁刑科题本，咸丰二年正月三十日，02-01-07-3479-012。

进而转化成愤恨。根据案情，主动者的情欲转化成愤恨的过程分为四类：因爱生恨、因妒生恨、因怒生恨、因辱生恨。需要说明的是，愤恨作为主动者起意杀人的主要情绪之一，在上文部分案例中亦有提及，故本节所列部分案例在情节上跟上文部分案例亦有相似之处，但二者的关键差别依然是情欲转化的侧重点不同。下面分别说明。

一　因爱生恨

主动者因对被动者产生爱慕而意欲求奸，但遭到被动者拒绝，于是主动者的爱欲就转化成愤恨。

如发生于光绪五年十月盛京承德县的案件，主动者是计里，被动者是王小二，二人和好无嫌，同在窝棚居住，一炕睡歇。案情如下：

> 计里见王小二年轻貌秀，心生爱慕。光绪五年十月初一日半夜，王小二赤身在炕睡熟。计里起意鸡奸，即将王小二搂抱。王小二惊醒，用手将计里推开，坐起哭骂。旁人听闻查询，计里托言玩笑，王小二嚷骂不休，旁人向其劝解完事。次日王小二向伊叔告知情由，伊叔因事已了解，劝其仍去佣工，以后少向计里答理。是月二十日一更，王小二先躺卧。计里由外饮醉回归，意欲强奸王小二，碍着同炕旁人，不便动手，即诓王小二出外喂马，意欲在马棚内行奸。王小二不知是诈，即披上身衣应允，赤下身走出。计里暗披擒刀，由后随往。行至马棚，将王小二搂住，强欲行奸。王小二不允。计里拔出擒刀向其吓逼，王小二嚷骂。计里虑恐旁人听闻无颜，又因其屡次

不从，一时气忿，起意致死。即揪住王小二衣领，用刀向其咽喉右狠戳一下，王小二即行倒地，不能声喊。计里逃逸后被捕获。①

在本案中，计里因为王小二年轻貌秀而心生爱慕，但两次图奸都遭到拒绝，于是计里既担心旁人发现图奸之事后自己无颜，又气愤于王小二屡次拒绝，最终杀死对方。从本案可以看出，在清代乡村社会中，部分男性面对同性明确存在爱慕，但也知道这种同性情欲在社会上是耻辱。

二 因妒生恨

主动者为了鸡奸被动者而多次示好，如借给钱物，却不断遭到被动者拒绝。之后主动者得知被动者与他人鸡奸，于是因妒生恨。

如发生于咸丰元年八月四川成都府郫县的案件，主动者是吴憘溃，被动者是张明灏，二人平素认识，同路游荡。案情如下。

张明灏屡向吴憘溃借钱使用，吴憘溃因张明灏年轻，图与鸡奸，陆续借给钱文，并无确数。咸丰元年三月二十日夜，吴憘溃与张明灏在刘家㘭歇店内同房住宿。吴憘溃向张明灏求奸，张明灏不允吵闹，经刘家㘭拢前劝散。二十八日，张明灏之母舅王泳义查知前情，将吴憘溃寻获，斥其不应将张明灏欺辱，掌批吴憘溃左腮颊，未经成伤。吴憘溃当即跑逃。

---

① 内阁刑科题本，光绪七年五月二十六日，02-01-07-4046-018。

王泳义告知张明灏之父张体堂，将张明灏管教，不许出外闲游。张明灏不听。六月间，张明灏又与龚老三认识往来。是月不记日期，张明灏至龚老三家借宿。龚老三向其调戏成奸，后非一次。张体堂并不知情。俟吴憘溃探知张明灏常在龚老三家歇宿，向龚老三盘问。龚老三告知张明灏与伊有奸。八月二十五日傍晚，吴憘溃路过古庙门首，见张明灏坐在阶沿上用刀削梨。张明灏复向吴憘溃借钱。吴憘溃忆及张明灏用伊钱文不少，不肯与伊奸好，反与龚老三通奸，心怀妒恨。知庙内地方僻静，起意诱其进庙，致死泄忿。随称身边带有钱三百文，张明灏如肯进庙，盟誓不与龚老三交好，愿将钱文送给。张明灏应允，起身同吴憘溃走进庙内甬道中间，吴憘溃接取张明灏尖刀过手，令其跪地盟誓。张明灏跪下叩头。吴憘溃乘其不备，用尖刀狠戳，伤及其右后肋倒地，立时殒命。①

在本案中，吴憘溃为了鸡奸张明灏而多次借钱给对方，但图奸遭拒。不久后却得知张明灏与他人和同鸡奸，于是妒恨之下，怒杀张明灏。

从本案可以看出，在清代乡村社会中，部分男性在面对其他男性图奸时，自己虽是被侵入的弱势的被动者，但在选择和同鸡奸的对象时，却成为可以自由选择的主动方，权力关系发生了逆转。另外，像本案这种多个男性之间的同性情欲关系，将在下文专门论述。

---

① 内阁刑科题本，咸丰二年八月十七日，02-01-07-3489-003。

三 因怒生恨

主动者图奸被动者未成，然后向被动者及其家人赔礼，之后不断因此而被讹诈钱财，最后终于在愤恨之下，怒杀对方。

如发生于道光二十年正月奉天府新民厅的案件，主动者是道士王泳亮，被动者是苗小全，其父苗清奎。案情如下：

道光十九年八月，王泳亮收民人方元正为徒。十一月十九日，苗清奎带领伊子苗小全至王泳亮庙内借宿。王泳亮询系同乡，即留苗清奎、苗小全存住，始与苗清奎认识，和好无仇。二十日，苗清奎向王泳亮商允，令苗小全充当道士，拜王泳亮为师。苗清奎亦在庙内住下。均在庙房，同炕存宿。二十三日，苗清奎前赴东城未回。二十五日夜，王泳亮等睡宿。方元正睡于炕南，王泳亮与苗小全睡于炕北。夜半时分，王泳亮睡醒，忆及苗小全年轻，欲行图奸，用手伸入苗小全被内，摸其股道。苗小全惊醒，向王泳亮吵嚷。方元正查询，苗小全告悉情由。王泳亮央勿声张，方元正亦向解劝，苗小全歇手。十二月初五日，苗清奎回庙。苗小全将王泳亮图奸之事向苗清奎告知。初六日清晨，苗清奎斥王泳亮不应糟蹋伊子，向王泳亮不依。王泳亮与苗清奎磕头赔礼。苗清奎声称，欲带苗小全回家，向王泳亮索要盘费。王泳亮给与市钱十四千。苗清奎即领苗小全他往。十四日，苗清奎复带苗小全回庙，令苗小全仍当道士。王泳亮不敢回复，又留苗清奎等住下。嗣苗清奎屡向王泳亮讹钱花用，不记数目。二十年正月十五日，王泳亮令苗小全、方元正出外化缘。十七日，苗清奎又向王泳亮讹索市钱三十千。王泳亮答复无钱。苗清奎声言，如不给钱，定将王泳亮图奸伊子之事告知乡保，撵逐王泳亮出庙。王泳亮无法，允为设措。是日夜间，苗清奎脱衣，在炕南睡卧。王泳亮在炕北睡下，总未睡熟，因思伊图奸苗小全未成，屡被苗清奎讹诈，今苗清奎复向讹钱，如不给钱，欲告知乡保将伊撵逐，实在丢人；即使给钱，苗清奎讹诈不休，事无了期，气忿莫遏，起意将苗清奎杀死。①

在本案中，王泳亮图奸苗小全未成，被苗小全父亲得知，王泳亮为了不让自己图奸之事败露，而向苗小全父亲赔礼，但随后苗小全父亲多次借机挟制讹诈钱财，并称若不给钱就将王泳亮送官治罪。于是，王泳亮气愤莫遏之下，怒杀苗小全父亲。

从本案可以看出，部分主动者图奸被动者未成而被对方家人知道的后果，就是在奸情败露颜面无存与送官治罪的道德、法律双重压力之下，不断被对方挟制讹诈。于是，主动者从鸡奸行为中的主动者，变成了受制于鸡奸行为曝光威胁的被动者，权力关系的强弱角色发生了逆转。

四　因辱生恨

主动者图奸被动者未成之后，向被动者赔礼，但被动者随后将图奸之事告诉旁人，而旁人以此指责主动者，主动者羞愧之下，因辱生恨。

---

① 内阁刑科题本，道光二十一年九月十二日，02-01-07-3310-006。

如发生于嘉庆二十一年六月陕西韩城县的案件，主动者是 34 岁的已婚男性薛学淳，娶妻有子；被动者是 16 岁的胡小水。薛学淳供称：

小的在县城南街开药铺生理，与开绸铺的李尚义隔邻，相好无嫌。嘉庆二十一年二月里，李尚义引荐胡小水到小的药铺学习生意。四月十二日晚，小的与胡小水在铺，同炕睡歇。半夜时候，小的起来小便，见胡小水睡熟，一时动了淫念，用手揭他盖被图奸。胡小水惊醒，不依叫骂。小的怕人听见，各自睡了。次日，胡小水要投人理论，小的认错，央求隐瞒，向他陪了不是，胡小水才歇了。以后每晚，小的就借对门贾天申挂面店门道，开铺睡歇。胡小水住在铺内。不料，胡小水从此懒惰，不听小的使唤。五月二十七日，小的把胡小水辞逐出铺。六月初八日晚，铺邻李尚义在贾天申店内腰亭睡宿。他斥说小的调戏胡小水不从，不该挟嫌辞出，小的不认。他说，胡小水亲口告诉他的，还要抵赖，又把小的斥辱一顿。小的被辱，一时忿恨，见他侧身睡在床上，起意致死。随拾院内打土木槌，照他头上殴打一下。李尚义声喊，两腿挣扎。小的又用槌连打两下，致伤他左眼下接连腮颊、颔颊。随有店后住的赵添才、习盛魁赶来拉住，问明情由，把小的看守。到初九日黎明，李尚义因伤死了。①

_____

① 内阁刑科题本，嘉庆二十一年九月二十三日，02-01-07-2619-015。

在本案中，薛学淳图奸胡小水未成之后，赔礼认错，央求隐瞒，之后因胡小水懒惰而将其辞出。胡小水随后将图奸之事告诉旁人，旁人于是以此辱骂薛学淳。薛学淳因辱生恨，怒杀旁人。

从本案可以看出，在清代乡村社会，当图奸之事被曝光，由于图奸者完全处于道德的对立面，所有人都可以指责图奸者。图奸者或许可以灭口一人，但无法灭口所有人。由此可见，在包括上文所举若干案例中，图奸者所害怕的奸情败露之后的耻辱的具体表现形式就是被周围人指责。

小　结

本章分析了主动者的同性情欲遭到被动者拒绝后，如何转化成忧虑、羞耻和愤恨三种情绪，以及各种不同的结局。

根据第二章的分析可知，在清代乡村社会中，鸡奸一事对于主动者与被动者双方而言均是耻辱。同时，鸡奸是违法行为，行奸者或图奸者一旦被发现就将面临牢狱之灾。于是，当主动者求奸未遂，他就有可能面对奸情败露之后带来的名声上的耻辱和法律上的刑罚。这双重压力就是主动者情欲转化的背景。

因此，主动者出于对图奸曝光之后自己将面临的耻辱与刑罚的忧虑，首先考虑的是如何保守秘密。当图奸之事发生在四下无人之处，被图奸者又是年幼男孩，同时还声称要将此事告诉家人，那么部分主动者会起意杀死对方，以防奸情败露。

其次，当主动者无法杀死被动者时，他在羞愧之下会通过赔礼、认错、请中间人调解等方式安抚对方，央求对方帮他隐瞒图奸一事。但此后，主动者有可能面对被动者及其家人以及中间人的持续不断的挟制讹诈、威胁或辱骂。在这种情况下，有的主动者会在羞愧之下选择自杀，而有的主动者则会自知理亏而一再隐忍，但最终还是会在愤恨之下杀死对方。

再次，有些主动者因为爱慕被动者而多次示好，而被动者或者拒绝主动者的图奸，或者转而跟其他男性和奸。于是，主动者就会在爱而不得或妒火攻心之下，含恨杀死被动者。

综上，当主动者的情欲遭到拒止，虽然都将面临道德上的耻辱和法律上的刑罚这双重压力，但不同个体的情欲转化仍然体现出极大的差异。

于是，本章所讨论的情欲转化的各种原因、途径和结果可总结如下。

当主动者的同性情欲遭到被动者的拒绝之后——

1. 被动者声称要告诉家人，于是主动者害怕奸情败露后，或无颜做人，或被送官治罪，或被动者家人不依。

1.1 若四下无人且被动者年幼，则主动者会由于忧虑而杀死被动者。

1.2 若不具备当场杀死被动者的客观条件，或主动者主观上不愿当场杀死被动者，则主动者会由于忧虑和羞耻而私下赔礼认错。

1.2.1 之后主动者担心被动者仍要曝光奸情，则会由于忧虑和愤恨而杀死被动者。

1.2.2 之后被动者将奸情告知旁人，而旁人因此指责主动者，则主动者会由于羞愧和愤恨而杀死知情旁人。

1.2.3 之后主动者继续图奸，则可能发生：被动者拒杀主动者、被动者隐忍、被动者报复主动者、被动者自杀、被动者家人报官、知情旁人介入、主动者杀死被动者等情况。

1.3 若不具备当场杀死被动者的客观条件，或主动者主观上不愿当场杀死被动者，则主动者会由于忧虑和羞耻而向被动者赔礼，并央求中间人调解。

1.3.1 之后被动者继续斥骂主动者，则主动者在隐忍几次之后，会由于愤恨而杀死被动者。

1.3.2 之后中间人借此挟制讹诈主动者。

1.3.2.1 则主动者在隐忍几次后，会由于愤恨而杀死中间人。

1.3.2.2 则主动者会由于愁急而自杀。

1.3.3 之后被动者家人借此挟制讹诈主动者，则主动者在隐忍几次之后，会由于愤恨而杀死被动者家人。

2. 被动者私下将奸情告知旁人。

2.1 主动者得知后，由于羞愧、忧虑和愤恨，会杀死旁人和被动者后再自杀。

2.2 主动者屡次图奸不成，会因爱生恨，杀死被动者。

3. 被动者转而与其他男性和同鸡奸，主动者得知后，因妒生恨，杀死被动者。

需要说明两点。第一，由于上述情欲转化是基于刑科题本中的案件而总结出的，因此上述所有的情欲最终都转化为至少有一个当事人死亡的结局。第二，进而可以推测，在清代乡村社会中，有可能存在一些并未导致当事人死亡的意图鸡奸或强行鸡奸的事件，即这些事件有可能在上述情欲转化的某个中间环节就结束了，从而未造成命案，进而未出现在刑科题本乃至任何历史记载中。

　　结合第二章的内容进行分析，当鸡奸或图奸发生之后，对比主动者与被动者各自的反应时，会发现一系列相似而又矛盾的情况。比如，双方均有可能当场杀死对方，双方均有可能隐忍，双方均有可能自杀，等等。可以看出，虽然法律与道德对于主动者与被动者都有影响，但各自所受影响却存在一定的差异。

　　例如，虽然主动者与被动者均不愿就鸡奸之事告官，但双方的原因不尽相同。根据第二章所述，被动者不愿告官的原因有如下几点：被动者遭到图奸或鸡奸的经历被公开后，即便是官方认定的鸡奸受害者，未来也会活在社会性耻辱之中；会影响被动者的前途；身为穷人，会反受拖累；等等。而主动者不愿报官的原因只是因为鸡奸是违法行为，若报官则必将受到法律的惩罚。

　　由此可以发现，鸡奸一事虽然对于主动者与被动者都有道德与法律方面的负面影响，但双方所受影响的侧重点显然不同。

　　在法律方面，由于《大清律例》严惩鸡奸行为，因此一旦报官，则主动者必被治罪，且是斩绞等重刑，这也是清律对鸡奸受害者的保护措施；而被动者若是自愿和同鸡奸，虽然也会受到刑罚，但只是枷杖等轻刑。因此，若被动者拒奸后报官，则只有主动者会受到法律制裁。

　　在道德方面，如上一章所述，鸡奸行为对于主动者与被动者而言都是耻辱，但是被动者所受耻辱的程度要远大于主动者。若被动者拒奸之事被周围人知道，则被动者会感受到更多的耻辱。

　　综上，当意图鸡奸或强行鸡奸之事发生后，主动者更担心法律的惩罚，而被动者更担心个人名声受辱。明确这个问题后，有助于我们更好地理解主动者的情欲遭到被动者拒绝之后，双方各自不同的反应。

第四章　情欲的特点

　　本章研究男性之间同性情欲的特点，以此来总结前面章节所探讨的同性情欲的种种问题。同性情欲既体现于被唤起并意欲得到满足的主动者一方，也体现于自愿接受的被动者一方。根据笔者所查阅的一千余件相关刑科题本档案，清代男性之间的情欲主要有三个特点：阶段性、流动性与兼容性。

第一节　阶段性

　　清代男性之间情欲的阶段性特点，指一个男性对同性的情欲仅出现于或表现于其人生的某一个阶段，这点主要体现在被动者身上。具体到刑科题本档案中，这个阶段即为青少年阶段。根据笔者的查阅，在接受主动者的追求并自愿与之发生同性性关系的四百余个案件中，约有四分之一案件中的被动者情欲体现了阶段性特点。这些案件发生于嘉庆初年至光绪末年，案发地点遍布全国。比如发生在嘉庆年间江西兴国县的案件。案中的主动者是 27 岁的曾文震，被动者是 18 岁的刘世析。刘世析供称：

> 小的是兴国县人，年十八岁。父母俱存，弟兄二人，小的
> 第二。娶妻蔡氏，生有一子。与已死曾文震素识无嫌。嘉庆十
> 七年三月间，曾文震引诱小的与他鸡奸相好，已非一次。陆续
> 给过小的钱文，不记数目。十九年十二月间，曾文震复要与小
> 的续旧。小的因年纪长大，且已娶妻生子，愧悔拒绝。曾文震
> 斥责小的无情，各自走散。①

在本案中，被动者刘世析在他 16 岁那年与当时 25 岁的曾文震
开始了一段同性关系，并持续了近三年，直到他娶妻生子，才单方
面结束这段关系。

从上述案件可以看出，阶段性特点成立的条件包括：被动者自
愿接受主动者提出的发生性关系的要求，双方的性关系持续一段时
间，以及这段时间之后由被动者单方面终止双方的性关系。换言
之，阶段性特点是一个与时间有关的概念，其成立的必要条件包括
三个时间：一段同性关系的开始时间、持续时间以及结束时间。具
体到个人身上，则表现为被动者开始接受以及单方面拒绝一段同性
关系时的年龄。

因此，围绕阶段性特点就有如下问题需要讨论：被动者在什么
年纪以及为什么会在这个年纪开始接受或单方面终止一段同性关
系，即阶段性的起止时间以及为何起止于这个时间。

---

① 内阁刑科题本，嘉庆二十一年五月二十八日，02-01-07-2605-011。

一　起止时间

先来看阶段性的起始时间。要回答具体的时间问题，就需要被动者具体的年龄信息。在笔者统计的一百余个案件中，有相关年龄信息的案件有 37 件，如表 4-1 所示。

表 4-1　阶段性被动者的年龄信息及持续时间

序号	开始年龄（岁）	结束年龄（岁）	持续时间（年）	与主动者年龄差（岁）
1	13	20	7	10
2	19	25	6	17
3	14	19	5	15
4	22	23	1	1
5	16	26	10	22
6	16	18	2	11
7	14	17	3	6
8	17	22	5	36
9	15	16	1	10
10	16	17	1	25
11	15	16	1	9
12	17	18	1	19
13	20	21	1	18
14	18	22	4	4
15	13	23	10	38
16	18	21	3	5
17	17	22	5	5
18	20	21	1	8
19	19	23	4	4
20	15	23	8	23
21	13	21	8	29
22	18	25	7	19
23	15	18	3	27

序号	开始年龄（岁）	结束年龄（岁）	持续时间（年）	与主动者年龄差（岁）
24	16	20	4	7
25	14	16	2	2
26	15	17	2	7
27	16	20	4	10
28	15	24	9	11
29	13	15	2	2
30	16	19	3	6
31	17	20	3	10
32	15	20	5	22
33	16	20	4	11
34	20	23	3	20
35	16	19	3	12
36	16	20	4	12
37	13	18	5	9

　　经过计算，被动者开始接受一段同性关系的平均年龄为 16.16
岁，他们单方面结束这段关系的平均年龄为 20.22 岁，一段同性关
系的平均持续时间为 4.05 年，这些被动者比主动者平均小 13.57
岁。换言之，清代男性之间情欲的阶段性特点表现为，一个男子约
在 16 岁时开始与他人发生一段同性关系，一般持续约 4 年，而他
在约 20 岁时会主动结束这段关系。

二　起止原因

　　再来看阶段性为何会起止于上述时间。首先，这些被动者为
何会自愿接受主动者提出的发生同性关系的要求？根据上述一百
余件题本中的口供，其原因大致可分为以下几种。一是被动者因

为"年幼"、"年轻"或"幼稚无知"等，而被主动者"哄诱"；二是被动者贪图主动者的财物，如"钱物"、"酒食"或"管顾吃用"等；三是上述两者兼有。显然，这些被动者之所以自愿接受主动者的要求的一个重要原因还是在于其"年幼"。同时，他们的身份大多为"务农""雇工""乞讨"等，有些人甚至无业"游荡"。可见，这些人处于社会最底层。因此，这些被动者自称的"年幼"，就意味着他们缺乏社会经验和物质条件。而这些，正是平均年长他们约13岁的主动者的相对优势所在。

其次，这些被动者为何又会在一段时间之后单方面终止双方的同性关系？根据上述题本中的口供，被动者决定结束双方关系的原因主要有两类——"娶妻"和"年长"。两者都导致同一类心态——"愧悔"、"悔过"或"怕人耻笑"。在这种心态的作用下，被动者"拒绝"了主动者意欲"续旧"的要求，决定"不干这没脸的事"。可以看出，被动者从16岁的"年幼无知"到20岁的"愧悔拒绝"，在四年时间里对社会的参与程度逐渐加深，受到社会的影响程度也逐渐加深。

在儒家伦理的教化下，男性要"齐家治国平天下"，女性则要"三从四德"。男性被形塑为主动者，女性被形塑为被动者。但是，在与年长男性的性关系中，部分男性由于在性行为中处于"被侵入"的一方，而在实际上扮演了被动者角色。因此，他们这种被动者的角色，必然会与传统社会中对于男性的主动者的社会性别角色要求产生冲突。于是，随着他们性别角色社会化过程的发展，尤其是当他们娶妻之后，他们就从过去那种不管出于何种原因而自愿与年长男性保持的性关系中的被动者角色，变成一种对他们而言全新且相反的性别角色——从同性关系中的被动者，变成异性关系即夫妻关系中的主动者。随着年纪渐长，这种性别角色的冲突，也被当时社会中男女性别所对应的尊卑贵贱的传统观念所激化。儒家经典《易经·系传》有言："天尊地卑，乾坤定矣；卑高以陈，贵贱位矣。"①其中，"乾""坤"分别对应"男""女"，而"男尊女卑"的思想也就成为此后影响中国社会的根深蒂固的传统。于是，上述被动者在"年纪渐长"后，就必然会将其在同性关系中的被动者角色与夫妻关系中的女性角色联系起来，进而为其在同性关系中"将男作女"的性别角色而感到羞耻。明清社会对男风的否定态度，则进一步激发了他们心中的羞耻感。明末思想家李贽就曾撰文抨击同性关系中的被动者："思肠胃乃藏食之区，榖道中岂容着一物？念肛门非受精之所，背皮上何堪载一人？拜下风者终非大丈夫，为双膝者不作奇男子……鞭背非刑，姑以惩俯背从人之罪；笞臀有律，再以示献臀取辱之羞。"②

除了社会传统观念与法律等外部作用，上述被动者自身的生理成熟，也加速了其同性情欲的消散。清代文人李渔曾借其小说《无声戏》中一位好男风者之口，说出了同性情欲被异性情欲所取代的原因："男子自十四岁起……未曾出幼，无事分心。相处一个朋友，自然安心贴意，如夫妇一般。及至肾水一通，色心便起，就要想起妇人来了。一想到妇人身上，就要与男子为仇。书上道：'妻子具而孝衰于亲。'有了妻子，连父母的孝心都衰了，何况朋友的交情？"③因此，在上述内外原因共同作用下，这些被动者才

---

① 《易经·系传》，四库全书文津阁本。
② 李贽辑《开卷一笑》卷3《禁男风告示》，天一出版社1985年影印本。
③ 《无声戏》，《李渔全集》第8卷，上海古籍出版社，1992，第120页。

会在"年长"及"娶妻"之后说"小的因年已长成，不肯干这没脸的事"，① 或者"小的因年纪长大，娶有女人，知道羞耻，就向拒绝"。② 四年时间足以让儒家思想对传统社会中的男性进行充分的教化与规训，而他们的同性情欲也随着婚姻缔结这一仪式而告一段落。

在刑科题本中，清代男性之间情欲的阶段性特点是以暴力或死亡的结果呈现出来的。那么，在清代社会中，是否存在一种较为和平的结果呢？根据大量清代笔记小说的描述，可以确定这种结果是存在的。况且，如前文所述，最为吸引好男风者的总是更为年轻的男性，而这些年轻男性的同性吸引力会随着年龄渐长而逐渐下降。因此，更为常见的可能性，也许是那些主动追逐年轻男性的好男风者不断地被更为年轻的男性所吸引，进而不断地更换他们的追逐对象。而被动者由于在与主动者的权力与地位关系中基本处于劣势，所以他们所能做的也只有接受年长后被抛弃的结局，而一般不会造成主动者无法解决的纠纷。③

综上可知，第一，在清代社会中，一个不谙世事的男孩在面对一个相对成熟的好男风者的"哄诱"时，很有可能与之发生同性关系并持续一段时间。第二，在清代社会对男风现象的否定态度的影响下，上述男孩中的一部分人逐渐不再接受男风，而选择娶妻生子，而另一部分男性则继续接受男风，甚至同时与女性发生性关系。而后者身上就体现了清代男性情欲的流动性特点。

---

① 内阁刑科题本，嘉庆十二年四月十三日，02-01-07-2316-003。

② 内阁刑科题本，道光十年九月二十二日，02-01-07-3026-014。

③ 黄宗智：《清代的法律、社会与文化：民法的表达与实践》，第 63 页，"当权力和地位不相等时，支配/屈从关系会抑止矛盾演变成公开的纠纷"。

第二节　流动性

清代男性之间情欲的流动性特点，是指在一段时期内，一个男性既可以作为被动者与同性发生性关系，也可以作为主动者与异性发生性关系。这类案件在内阁刑科题本中数量较少，但在明清的笔记小说中却广泛存在。因此，可以将这种特点视为清代社会中较为常见，而且不易引发命盗斩绞类重案的现象。

以题本中一个典型案件为例。该案发生于道光年间的山东，以下是被动者杨虎的讲述：

> 小的年十九岁，曹县人，父母俱在，余没别属。自幼雇给刘锦书的父亲刘为干服役。刘为干故后，就听刘锦书使唤，每年工价大钱五千文，并不平等称呼，素有主仆名分。道光六年间，刘锦书要把小的鸡奸，小的允从。以后续奸不记次数。刘为干在日，因见佃户李十家使女张氏勤干，向李十借来，帮做针线。刘锦书就合张氏通奸，私收作妾。小的合张氏见面不避。道光七年二月初间，刘锦书合小的在屋鸡奸，被张氏走去撞见。第二日，小的乘空向张氏奸好，后非一次，并没给与钱物。刘锦书因要合小的鸡奸，知情纵容，还许把张氏配给小的为妾。九年正月里，刘锦书另娶赵氏作妾。因小的年纪长大，不合小的鸡奸，就禁止张氏不许合小的续旧，要把张氏交还夫家领回。又说小的懒惰，时常打骂，还要撵逐。小的心怀忿恨，起意把刘锦书杀死出气，当合张氏私商。张氏恋奸情热，

也就允从，约等乘空下手。①

本案的核心人物是雇主刘锦书、男仆杨虎和使女张氏。在道光七年至八年间，上述三人中的任意两人之间都存在性关系，而且三人互相知情。显然，刘锦书与杨虎、张氏之间存在明显的社会阶层差距，而这种社会阶层之间的强弱对比，也反映在三者之间的性关系之中：作为雇主，刘锦书不管是与男仆杨虎还是与使女张氏发生性关系，都是主动者角色。值得注意的是，杨虎在这两年时间里，既被刘锦书鸡奸，又与张氏通奸。由此可知，在同性关系中处于被动者的男性里，有一部分男性还同时以主动者角色与女性发生性关系。这类男性可以随时切换其性关系角色，因而在他们身上就体现了男性之间情欲的流动性特点。

由于这类男性的存在，就产生了俊仆淫乱后闯以致破家的社会问题。明末文学家冯梦龙就针对当时这一社会现象，提出"堂中无俊仆，必是好人家"②的说法。

一 产生原因

那么，刑科题本中的这些男性为什么会体现出同性之间情欲的流动性特点？

首先是情感吸引。这些男性即便已经娶妻，但对同性之间的情欲却不排斥，甚至接受。

如一件发生在山西的案件，以下是李春生的讲述：

---

① 内阁刑科题本，道光十年闰四月二十一日，02-01-07-3012-013。
② 《情史》，魏同贤主编《冯梦龙全集》第 7 册，凤凰出版社，2007，第906 页。

小的年十八岁……并没弟兄，娶妻无子。合杨逢湘同村，素好没嫌。小的向同杨逢湘从邻村赵骥读书，就在书房住歇。小的合族弟李年娃、堂弟李幅生居住前院，杨逢湘合他兄弟杨五元居住后院。道光二十五年正月不记日期，李年娃们都回家去。杨逢湘向小的哄诱鸡奸，嗣后乘便续奸，不记次数，并没得过钱物。①

在本案中，已婚无子的李春生接受了与其一同读书的杨逢湘向其提出的发生同性性关系的请求，之后两人保持了这段关系。根据上述口供，可以发现这段关系中并不存在主动者强迫被动者，或者主动者以财物利诱被动者的情况。那么，对这段关系产生的唯一合理解释，就是李春生与杨逢湘之间存在情感吸引。对于这种情感吸引，李春生在口供中并未细说，但我们可以从大量清代小说中找到类似的描述，如《红楼梦》中宝玉与秦钟、香怜与爱玉之间的感情关系。

其次是谋生手段。这些男性虽然已婚，但并不排斥通过与同性发生性关系来换取钱物。

如一件发生在江西的案件，以下是王毛仔的讲述：

小的会昌县人，年二十四岁。……娶妻刘氏，未生子女。小的在赣州府城佣工度日，与已死裴德和素识。嘉庆十年正月内，裴德和与小的调戏鸡奸，以后乘便续奸，给过钱文，不记数目。后来小的受雇在何立发船上帮工。十一年五月间，船泊

———————————

① 内阁刑科题本，道光二十六年六月初六日，02-01-07-3402-002。

赣州城外，裴德和来船与小的续奸，被何立发看破村斥。小的自觉无脸，辞工回家。七月初三日，出外寻觅生理。在来垅塘地方遇见裴德和，说从福建回来。问知小的辞工情由，出言安慰，一路同行。裴德和又要续旧，小的要他给钱五百文，裴德和应允，走入山坳，奸毕出来。到分路处所，裴德和说，身边只剩钱二百文，先行付给，余俟随后寄交。小的不肯，裴德和反斥小的薄情。小的不依詈骂，致相争闹。[①]

在本案中，王毛仔之所以接受裴德和向其提出的发生性关系的请求，就是为了钱，即便在他们的关系被旁人看破之后。王毛仔身上之所以会体现出情欲流动性的特点，客观原因就是贫穷。对于这些身处社会底层的农民佣工来说，同性性交易只是一种他们能够接受的维持生计的谋生手段而已。

但是，就笔者所查阅的千余件案件而言，更多的情况是即便再贫穷也绝不接受同性性交易。如一件发生在四川的案件，以下是王俸的讲述：

小的大邑县人，年二十一岁。来案下青龙场唐应洲店内帮工，与杨茂林素识无仇。嘉庆十四年九月十四日捱黑时候，小的站在帅帼万店前闲望。杨茂林走来，抱住小的肩上，用手摸小的右臀，说小的肯与他行奸，他给小的几百个钱。小的村斥他几句。杨茂林强拉小的发辫，要到场后石灰窑内行奸。小的叫骂，挣拉不脱，一时情急，随拔身带尖

---

① 内阁刑科题本，嘉庆十四年五月十六日，02-01-07-2382-013。

刀，戳了他左臀二下。杨茂林不肯放手，小的又戳他左腿二下。杨茂林放手，用脚向踢，小的又用刀戳他右腿一下。杨茂林弯身拾石，小的又戳他脊膂近左一下。杨茂林扑拢，用手夺刀，小的又用刀向戳，不料伤着他左胁倒地，不一会死了。①

可见，同样是佣工，本案的王俸在面对同性性交易的请求时，就表现出激烈的抗拒。

最后是被边缘化。由于种种原因，这些男性被迫切断了与家庭或家族之间的联系，成为孑然一身的社会边缘人，于是容易受到同性的哄诱而与之发生性关系。

如一件发生在江苏的案件，以下是顾美玉的讲述：

> 小的年二十四岁，父亲年四十三岁，母亲年四十四岁，并无弟兄。娶妻蔡氏，没生子女。因不务正业，被父亲逐出，在外求乞度日。与丐头冯添沅素识无嫌。道光六年十二月里，冯添沅哄诱小的到陈三沅歇店同宿，鸡奸不记次数。并止吃些酒食，并未得过钱文。②

在本案中，顾美玉被边缘化只因两件事：没生子女和不务正业。在中国传统社会中，尤其"在农村中，结成婚姻的主要目的，是为了保证传宗接代"，"生孩子的期望先于婚姻"。③所以

---

① 内阁刑科题本，嘉庆十五年六月初五日，档号：02-01-07-2414-004。
② 内阁刑科题本，道光八年十二月初八日，档号：02-01-07-2975-002。
③ 费孝通：《江村经济》，上海人民出版社，2007，第35页。

"不孝有三，无后为大"的观念就将婚姻与孝道紧密捆绑了起来，而婚后无子的顾美玉就直接触犯了孝道观念。加之他又没有兄弟，因此他所承受的社会压力也是很大的。此外，在家里男性劳力本来就少的情况下，顾美玉还不务正业。那么，对于他的家庭来说，他既没有为家庭添丁，又没有为家庭产出经济效益，还消耗家庭的积蓄，所以才会被其父逐出家门。顾美玉也因此断绝了他的社会关系，成为边缘人。然后才出现了他与同为社会边缘人的乞丐头子发生同性性关系的事情。当然，我们也可以推测，顾美玉之所以结婚而无子，也许就是因为他对女性并无兴趣。

上述对清代男性之间情欲流动性特点产生原因的三点解释，只是展现了不同的客观原因。而对于这些男性内心的主观意愿，我们只能通过他们的口供进行合理推测：在当时当地，不管出于何种原因，他们在心理上并不排斥与同性发生性关系。于是，在一定的客观条件下，同时主观上并不排斥甚至接受同性性行为，就使得一部分男性的情欲表现出了流动性的特点。

二 浅析俊仆与变童

如果将视野从刑科题本档案延伸至笔记小说等史料，那么，同样是以色事人，俊仆与变童之间有何异同？二者的相同点在于利用自身出众的外形以迎合好男风者来获取钱财吃用等，寄生于宠幸他们的社会中上阶层男性身边，甚至以后者作为他们进入更高的社会阶层的跳板。即二者均以男风作为一种谋生手段。事实上，在一些史书中，俊仆与变童或仆与童的名称是可以互换的，即二者存在一定的交集。如一些劝善书中所言："嬖狡童如处女，狎俊仆若妖姬，优伶贱类，引作知己，群小狎邪，亲于妻妾。"① 但是，二者之间依然存在一些显著的差异。

首先，二者与男女相处时的性别角色不同。娈童更偏向性别角色的被动者，即与好男风者相处时是被动者，而与女性相处时也不认为自己是主动者，即基本不会与女性发生性关系。例如明末小说《型世言》中所说："如今世上有一种娈童，修眉曼脸，媚骨柔肠，与女争宠，这便是少年中女子。"② 而俊仆的性别角色则不同，如前文所述，他们与男性相处时是被动者角色，与女性相处时是主动者角色，且能与男女均发生性关系。

其次，二者对家庭的破坏方式不同。先看娈童。由于会与妻妾争宠，因此娈童会导致夫妻因感情淡漠而关系疏远。当时社会上流行的一些劝善戒淫书中说道：

> 偏爱宠童者，必夫妇失好。③
>
> 龙阳六不可……伤夫妇：弃尔结发，嬖彼少年。乖气致异，好恶有偏。④
>
> 渔猎男色，其不可者五……一曰伤夫妇之爱。阴阳和而雨泽降，夫妇和而家道成。乃若割袖分桃，欢同女子；鸣琴举案，视若路人。是谓好恶颠倒。⑤
>
> 世上有几种男人，辜负妻子，必有恶报……又有狂癖男风外宿的。这几种人，总不知唱随相守、琴瑟相调的快乐，致令

---

① 石璇：《遏淫篇·随遇致戒·娈童》，《遏淫敦孝编》，柏香书屋，1930。

② 陆人龙：《型世言》，中华书局，1993，第 511 页。

③ 孙念劬编《全人矩矱》卷 2《戒淫集说·先儒论说·戒狎顽童说》，第 362 页。

④ 常熟顾泾同志氏藏《寿世慈航》卷 5《远色·龙阳六不可》，第 812 页。

⑤ 邓淳编《家范辑要》卷 13《痛戒邪淫》，咸丰五年水云山房刻本。

妻子孤灯独宿，凄惨谁诉？黄昏风雨，情更难堪。这样没良心的人，只怕怨气积聚，鬼神也不肯饶你。①

可见，娈童之于丈夫，从某种程度上说，近似妓或妾，他们与妻子处于直接竞争关系。

再看俊仆。由于会与妻妾私通，所以俊仆会导致家庭解体。如一部清代劝善书中所载的故事：

有人娈一美童，一日偶自外回，忽见此童从妻房内慌忙奔出。其人大怒，童曰："男女虽异，爱恶则同。你既然爱我的标致，难道尊夫人就爱不得我的标致吗？"此童对答之语说得明理词畅，可以诛心，可以服傲。要知美貌少年，人人喜爱，往来有此，必致淫乱。这以前易后的事势所必有，好男风者或有不报于目前，而报于后代子孙者，更惨更狠。②

可见，对于俊仆而言，他既是同性情欲的承受者，又是异性情欲的追逐者，而他前一个身份又往往会掩盖后一个身份。因此，在一些蓄有俊仆的家庭中，就会出现"我既引水入墙，彼必乘风纵火"③ 这类事了。

---

① 石成金编著《传家宝全集·福寿鉴》，中州古籍出版社，2002，第 12~13 页。

② 石成金编著《传家宝全集·福寿鉴》，第 325 页。

③ 闵铉：《蕉窗十则注解》上《戒淫行》，光绪二十六年仪征吴氏刻本。

第三节　兼容性

清代男性之间情欲的兼容性，是指一个男性对异性与同性的情欲可以同时存在，且该男性均作为主动者一方。在刑科题本中，这类人大多为已婚甚至有子却依然追逐同性的男性。

一　已婚主动者年龄概述

在笔者所查阅的案件中，有 121 个案件中的主动者属于此类。这些案件中共有 125 个主动者有确切的年龄信息，他们的年龄如表4-2 所示。

表 4-2　已婚主动者年龄人数分布

单位：人

年龄（岁）	人数	年龄（岁）	人数	年龄（岁）	人数	年龄（岁）	人数
16	1	28	8	38	3	51	1
18	1	29	7	39	4	52	3
20	2	30	5	40	7	53	3
21	1	31	3	41	6	54	2
22	2	32	10	42	4	57	2
23	2	33	4	43	1	58	1
24	5	34	5	44	2	68	1
25	1	35	5	46	4		
26	2	36	4	48	5		
27	4	37	2	50	2		

经过计算可知，这些已婚主动者的平均年龄为 35.94 岁。

上述主动者所追逐的男性中，共有 125 个人有确切的年龄信息，他们的年龄如表 4-3 所示。

表 4-3　被已婚主动者求奸的被动者的年龄人数分布

单位：人

年龄（岁）	人数	年龄（岁）	人数	年龄（岁）	人数
7	1	15	11	22	6
8	2	16	13	23	2
9	1	17	16	24	3
10	2	18	6	25	3
12	3	19	17	26	1
13	10	20	12	27	1
14	9	21	5	37	1

经过计算，这 125 个被追逐的男性的平均年龄是 17.34 岁。

另外，还有 123 对同性关系的双方有确切的年龄差，其分布如表 4-4 所示。

表 4-4　已婚主动者与其求奸的被动者的年龄差分布

单位：岁，对

年龄差	对数	年龄差	对数	年龄差	对数	年龄差	对数
-8	1	11	3	21	5	32	2
-4	1	12	5	22	4	33	1
1	1	13	3	23	3	34	3
2	1	14	4	24	4	35	2
3	3	15	9	25	6	36	1
5	3	16	8	26	1	37	3
7	5	17	6	27	2	38	2
8	5	18	7	28	1	39	1
9	3	19	3	29	2	44	1
10	3	20	2	30	2	55	1

　　根据计算，平均年龄差为 18.6 岁。需要说明的是，在这 121
个案件中，主被动者双方的年龄信息并不是一一对应同时出现的，
因此，上述主动者、被动者与年龄差三者的数据并非完全对应。
通过这些数据可知：由于已婚甚至有子，这些男性在追逐年轻男
性时已经步入中年；这些已婚男性偏爱比自己年轻近 20 岁的青年
男性。

二　已婚主动者兼好男女的原因

　　这些已婚的中年男性之所以会男女兼好，大致有以下两点
原因。

　　第一，"女以生子，男以取乐"。[①]这种观点体现了社会责任与
个人喜好之间的平衡。在传统社会中，男性最重要的社会责任之一
就是传宗接代，上以祭祀祖先，下以繁衍后代。因此，不管这个男
性是丈夫还是父亲，他要想尽到这份责任，就必须结婚。只有在娶
妻成家之后，他才有可能在符合伦理道德的条件下履行这份责任。
对于不好男风的男性而言，这份责任的难度仅在于能否顺利娶妻生
子，但对于那些兼好男风甚至只好男风的男性而言，这份责任就意
味着他们必须要牺牲或隐藏个人喜好，待履行完结婚生子的义务之
后，才有可能继续满足个人喜好。但这并不意味着已婚有子的好男
风男性就不会受到社会的指责，只是他们所受到的社会压力相对较
小。同理，社会中上阶层的好男风男性受到的压力也会比社会下层
男性要小，因为前者履行责任的难度相对较低。因此，"如今世

---

　　① 《情史》，魏同贤主编《冯梦龙全集》第 7 册，第 910 页。

上，偏是有妻有妾的男子酷好此道，偏是丰衣足食的子弟喜做此道"。① 这也体现了中国传统社会对男风现象的宽容与弹性。

根据刑科题本显示，这些已婚男子好男风的原因也很简单直接。例如，已婚有子的塾师陈苍保面对他的学生刘浩儒时的反应是"小的见刘浩儒貌美，起意鸡奸"；② 已婚有子的厨子赵常义面对他的学徒李麦时的反应是"因李麦年轻，生得好，想把他鸡奸"；③ 已婚有子的木匠苏扩年面对与他一同做工的卢亚先时的反应是"见卢亚先赤着下身，侧身向里睡熟，小的一时心迷，就上床鸡奸"。④ 显然，这些男性的反应就如同好女色的男性面对美女时的反应一样。

值得注意的是，在笔者所查阅的刑科题本记载的男性中，不论婚否，他们在口述自己被同性唤起性欲这个过程的时候，均无任何迟疑犹豫等情绪，也看不出否定男风的社会观念对他们同性情欲的唤起有任何影响。这点与前文中被动者的反应形成鲜明对比，可见，否定男风的社会观念所约束的更多是被动者。由于这些好男风者大多来自社会下层，可知社会下层的好男风者更容易被同性的出众外貌所吸引，而他们的同性情欲也基本与同性性行为直接相关。他们的口供似乎也表明了一个事实：他们被年轻好看的男性唤起性欲这件事并不稀奇，甚至可以说是自然而然的。因此，对于清代社会的一部分男性而言，女色与男风是两个能够并存的情欲出口。

---

① 《无声戏》，《李渔全集》第 8 卷，第 108 页。
② 内阁刑科题本，嘉庆七年八月初六日，02-01-07-2189-012。
③ 内阁刑科题本，嘉庆七年九月初三日，02-01-07-2192-008。
④ 内阁刑科题本，嘉庆九年二月初八日，02-01-07-2227-014。

　　第二，爱艺及人。这一点是为了解释刑科题本之外的史料所记载的好男风的原因。咸丰年间，一位文人常听人说"男子之色美于妇人"，他开始并"不谓然"。直到有一天，他在河北保定与人看戏剧，见"一素衣女装者扶几悲唱，其歌喉之婉转，容色之光艳，洵足使人惊心动魄"，他"不觉耳与目并注，而神不啻摄以往焉"。得知唱戏者钱宝"即所谓相公者"之后，这位文人"乃憬然爽然，而叹人之称男子美者岂欺我哉！"而后"自是钱宝之名常萦于心，钱宝之貌常悬于目"。与钱宝接触一段时间后，他又觉得"钱宝不独色美，影亦美，乃至语言謦笑无不美也"。① 这位文人对男色看法的转变，能够代表清代相当一部分文人士大夫的心路历程，即先被伶人的色艺所打动，进而接纳了伶人。双方在交流艺术的同时，也加深了情感联系，最终达到艺术与情感双重交流、彼此促进。这种基于艺术而建立的情感关系，有时候并不需要发生进一步的肉体关系。因此，对于处于社会中上阶层的文人士大夫来说，好男风才能够成为一种显示其自身审美、情趣、品味的嗜好，而广为流传。

小　结

　　在结束了对清代男性之间情欲的阶段性、流动性与兼容性三个特点的论述之后，一个大胆的假设浮现了出来：这三个特点，是不是存在于整个人类历史中的普遍特点？为此，笔者进行了简单的统计。

---

　　①　袁自超：《戢影述录》卷1，光绪十二年刻本。

根据潘光旦等前辈学者的研究①，在中国古代史书中出现的娈童、俊仆等年轻的被宠幸者的经历，大致可以证明本文所说的阶段性与流动性特点。而从先秦时期宠幸龙阳君的魏王、西汉时期宠幸董贤的哀帝，到清代宠幸优伶或相公的文人士大夫，这些人的事迹则多少能够证明本文所说的兼容性特点。

根据福柯的研究，古希腊男性"对男童与少女的偏爱"并不会"分布在不同的个人身上，或者在同一个人的灵魂里相互冲撞；相反，人们却发现了两种快感享用的方式，其中一种方式更适合于某些个人或者人生的某些阶段"；"让人们能够对男人或女人产生欲望的，完全是自然安插在人心之中的爱恋'美'人的欲望，它才不管美人的性别如何"。② 这一结论似乎可以证明本文所提出的同性情欲的三个特点也存在于古希腊。

根据弗洛朗斯·塔玛涅的研究，直到 20 世纪 20 年代的英国，在接纳资产阶级与社会上层 10~18 岁的子弟的公学（伊顿、哈罗等）中，"少年同性恋行为被看作无关紧要，几乎是性生活的必经之路"；同时，"确实一些有过深度同性恋关系的老学生后来结了婚，并坚决否认自己是同性恋者"；"但那些因求学经历而揭示未来的同性恋行为的人的名单也很长，单一的同性恋或者成年后保持双性恋"。类似的状况也存在于同一时期的法国与德国的中学中。③ 这些现象似乎可以证明本文所提出的同性情欲的三个特点同样存在

---

① 参见潘光旦、张在舟等学者的研究。如《中国文献中同性恋举例》，潘乃穆、潘乃和编《潘光旦文集》第 12 卷，第 684~714 页；张在舟《暧昧的历程：中国古代同性恋史》。

② 米歇尔·福柯：《性经验史》，佘碧平译，上海人民出版社，2005，第 241~243 页。

③ 弗洛朗斯·塔玛涅：《欧洲同性恋史》，第 141、145、146~160 页。

于近代欧洲社会。

根据金赛的研究，在 20 世纪中叶（1948）的美国，"37% 的男性在青春期开始之后，至少有过一次达到性高潮的肉体的同性性行为经历"；"16~55 岁的所有男性中，18% 的人在至少三年中有过至少与异性性行为同样多的同性性行为"；"人口中就有 46% 的人既有异性性行为，又有同性性行为"。[①] 尽管金赛报告中的人数比例存在争议，但上述情况是确实存在的。那么，金赛的研究似乎能够说明本文所提出的同性情欲的三个特点同样存在于现代美国社会。

综上，根据笔者的粗略统计，似乎可以得出男性之间情欲的三个特点存在于 20 世纪前的中国、古希腊以及近现代西方社会之中这个结论——尽管具有这三个特点的男性，在各个时代与各个社会中的全部男性人口中所占比例不尽相同。至于这三个特点是否贯穿整个人类社会，则有待相关史料的进一步发现以及相关调查研究的进一步展开。若答案为是，则历史上与现实中的许多问题就具有另一种解释的可能。

---

① 阿尔弗雷德·C. 金赛：《金赛性学报告》，潘绥铭译，中国青年出版社，2013，第 190~192 页。

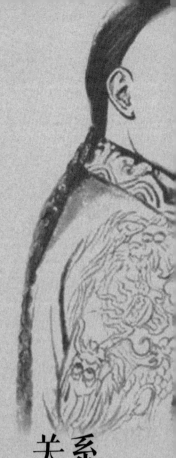

下篇　关系

第五章　关系的建立

　　在结束了上篇关于同性情欲的产生、拒止和转化等问题的讨论后，下篇将讨论同性情欲被接受之后的状况，即一个人的内在的同性情欲，转变成两个人的外在的同性关系的各种问题。

　　本章讨论的是主动者对被动者表达出来的同性情欲，如何形成双方之间的同性关系的问题，即主动者通过何种方式让自己的同性情欲被对方接受。经分析可知，主动者主要采取的方式大概有五种：言语哄诱、肢体试探、财物利诱、借故挟制、设局逼迫。值得注意的是，不同的被动者在面对同一种方式时的反应不尽相同，即同一种方式对不同的被动者可能产生拒绝或接受这两种截然不同的结果。因此，被动者虽然在同性关系与同性行为中处于被动方，但在选择是否建立一段同性关系时却成为主动方。

　　由于前文已经讨论过被动者拒奸与主动者强奸的情况，本章将侧重讨论被动者和奸的情况，当然也会兼及拒奸案例作为对比和参照。为了更好地理解同性关系的建立，下面将分析主动者与被动者各自的职业。需要说明的是，双方的职业对同性关系的建立并非决定性因素，但可作为一个必要的参考因素。

第一节　职业分析

全部 1111 个案件根据结果可分为两类：拒奸类与和奸类。其中，644 个拒奸类案件中，有职业信息的主动者有 513 个，被动者有 573 个。467 个和奸类案件中，有职业信息的主动者有 396 个，被动者有 454 个。以下分别讨论。

一　拒奸类案件职业分析

以下分析拒奸类案件中主动者与被动者的职业类型与相应人数。

（一）拒奸类主动者职业

拒奸类案件中 513 个主动者的职业和人数分布如下。

生员 15 人，如"教书""塾师""念书""文生员领催"等。

务农 43 人，如"雇农""农民""务农""种地"等。

做工 215 人，如"帮工""佣工""做工""雇工""卖工""伙计""学徒""劳金""短工""打更""背炭""挖煤""打鱼""负苦""驾船""脚户""船户""砂丁""水手"等。

工匠 33 人，如"裁缝""厨子""打铁""弓匠""炉匠""磨镜子""木匠""烧砖""石匠""剃头""铁匠""烟匠""做草纸""做卖竹器""做戏衣"等。

卖艺 11 人，如"唱丑""唱曲""唱戏""算命"等。

小贩 40 人，如"卖各种物品""贸易""小本营生""装卖水烟"等。

业主 50 人，如"开各种店铺""羊皮商""宰猪铺"等。

官兵 7 人，如"兵勇""兵甲""步兵""地保""仓斗级"等。

僧道 25 人，如"僧人"和"道士"。

贼犯 3 人，如"流犯"和"配军犯"。

无业 37 人，如"流民""无业""幼童"等。

乞丐 34 人。

将上述职业按照性质和工作内容进一步归类，可将"务农"、"做工"、"工匠"和"卖艺"四类职业合并为"劳工类"，"小贩"和"业主"两类职业合并为"经商类"，"贼犯"、"无业"和"乞丐"三类职业合并为"无业类"，"生员"、"官兵"和"僧道"三类不变，那么这六种职业在 513 个主动者中所占的比重如表 5-1 所示。

表 5-1 拒奸类主动者职业人数及比重

单位：人，%

职业类别	人数	比重
生员类	15	2.92
官兵类	7	1.36
僧道类	25	4.87
劳工类	302	58.87
经商类	90	17.54
无业类	74	14.42
总计	513	100

由表 5-1 可知，劳工类所占比重最高，接近六成，然后依次是经商类和无业类，这三类职业占全部拒奸类主动者职业分布的约九成。

（二）拒奸类被动者职业

拒奸类案件中 573 个被动者的职业和人数如下。

生员 31 人，如"教书""教学""念书"等。

务农 23 人，如"佃农""雇农""务农""庄农""种地"等。

做工 253 人，如"帮工""学徒""伙计""佣工""帮伙""工人""做工""赶骡""驾船""脚户""砍柴""拉煤""拉纤""卖工""铺伙""砂丁""水手""长工"等。

工匠 36 人，如"裁缝""厨子""打铁""打造首饰""弓匠""画匠""火夫""刻字""木匠""泥水匠""烧砖""石匠""炭厂管事""剃头""修脚""银匠""做草纸""做糕饼""宰猪"等。

卖艺 12 人，如"唱旦""唱曲""唱戏""唱秧歌""吹手"等。

小贩 38 人，如"贩卖各种物品""贸易""小贸营生""装卖水烟"等。

业主 10 人，如"开各种店铺"。

官兵 1 人，如"马兵"。

僧道 16 人，如"僧人"和"道士"。

贼犯 1 人，如"配军犯"。

无业 117 人，如"闲散""无业""幼童"等。

乞丐 35 人。

同样，将上述职业归纳为六种后，各类被动者在 573 个拒奸类案件中所占的比重如表 5-2 所示。

表5-2 拒奸类被动者职业人数及比重

单位：人，%

职业类别	人数	比重
生员类	31	5.41
官兵类	1	0.17
僧道类	16	2.79
劳工类	324	56.54
经商类	48	8.38
无业类	153	26.70
总计	573	100

由表5-2可知，劳工类依然占比最高，其次是无业类，余下四类职业占比均不足一成。

（三）拒奸类双方职业比较

将上述拒奸类主动者与被动者的职业分布及人数进行比较，可得表5-3的结论。

表5-3 拒奸类双方职业分布比重对比

单位：人，%

职业类别	拒奸类主动者的职业分布及比重	拒奸类被动者的职业分布及比重
生员类	15—2.92	31—5.41
官兵类	7—1.36	1—0.17
僧道类	25—4.87	16—2.79
劳工类	302—58.87	324—56.54
经商类	90—17.54	48—8.38
无业类	74—14.42	153—26.70

由表5-3可知，在拒奸类案件中，主动者与被动者的职业分布均以劳工类为最多，占比均接近六成。差别在于经商类和

无业类占比，主动者中经商类占比第二，而无业类占比第三；但在被动者中，无业类占比第二而经商类占比第三。可以推测，部分经商类主动者会利用钱物去诱惑无业类被动者与之鸡奸，只是没有成功。

二　和奸类案件职业分析

以下分析和奸类案件中主动者与被动者的职业类型与相应人数。

（一）和奸类主动者职业

和奸类案件中的 396 个主动者的职业与人数分布如下。

生员 4 人，都是"念书"。

务农 24 人，如"佃户""务农""种地""庄农""看守田禾""看守田园""种卖蔬菜"等。

做工 122 人，如"帮工""短工""长工""雇工""佣工""做工""卖工""铺伙""水手""挑脚"等。

工匠 23 人，如"裁缝""厨子""打铁""钉碗""篾匠""木匠""皮匠""剃头""修脚""宰羊""做扇""吹糖人"等。

卖艺 5 人，如"唱戏""算命""吹鼓手"等。

小贩 52 人，如"贩卖各种物品""合伙生理""小本买卖""小本生意""小贩""小贸""装卖水烟""做生意"等。

业主 63 个，如"开设各种店铺""地主""领戏班""庙祝"等。

官兵 10 人，如"兵丁""捕役""服役""善扑营当差"等。

僧道 21 人，如"僧人""道士"。

贼犯 7 人，如"犯人""行窃"等。

无业 17 人。

乞丐 48 人。

将上述职业归纳为六类，如表 5-4 所示。

表 5-4 和奸类主动者职业人数及比重

单位：人，%

职业类别	人数	比重
经商类	115	29.04
劳工类	174	43.94
无业类	72	18.18
生员类	4	1.01
官兵类	10	2.53
僧道类	21	5.30
总计	396	100

由表 5-4 可知，和奸类主动者的职业分布中，劳工类所占比重依然最多，有四成多；经商类比重近三成，无业类比重近二成。

（二）和奸类被动者职业

和奸类案件中 454 个被动者的职业类型与人数分布如下。

生员 7 人，都是"念书"。

务农 23 人，如"佃农""务农""种地""庄农""看守田园"等。

做工 180 人，如"帮工""雇工""佣工""伙计""学徒""驾船""水手""拉弓"等。

工匠 32 人，如"裁缝""厨子""吹糖人""木匠""泥匠""皮匠""首饰匠""剃头""修脚""宰猪""织布""做缸""做扇子""造竹帘"等。

卖艺 12 人，如"唱旦戏""唱戏""吹鼓手""卖唱""学戏"等。

小贩 54 人，如"贩卖或挑卖各种物品""批货""小本买卖""小买卖""合伙生理"等。

业主 8 人，如"开设各种店铺"。

官兵 4 人，如"兵丁""布甲""服役"等。

僧道 14 人，如"僧人"和"道士"。

无业 62 人，如"幼童（40 人）""无业""卖奸"等。

贼犯 1 人。

乞丐 57 人。

将上述职业归纳为六类，如表 5-5 所示。

表 5-5　和奸类被动者职业人数及比重

单位：人，%

职业类别	人数	比重
经商类	62	13.66
劳工类	247	54.41
无业类	120	26.43
生员类	7	1.54
官兵类	4	0.88
僧道类	14	3.08
总计	454	100

由表 5-5 可知，和奸类被动者的职业分布中，劳工类依然最多，占五成多；其次是无业类和经商类。

（三）和奸类双方职业比较

将上述和奸类主动者与被动者的职业分布及人数进行比较，如表 5-6 所示。

表 5-6 和奸类双方职业分布比重对比

单位：人，%

职业类别	和奸类主动者的职业分布及比重	和奸类被动者的职业分布及比重
生员类	4—1.01	7—1.54
官兵类	10—2.53	4—0.88
僧道类	21—5.30	14—3.08
劳工类	174—43.94	247—54.41
经商类	115—29.04	62—13.66
无业类	72—18.18	120—26.43

由表 5-5 可知，在和奸类案件中，劳工类依然是双方职业分布最多的类别；主动者职业分布排在第二、第三位的依次是经商类和无业类，被动者职业分布排在第二、第三位的依次是无业类和经商类。

三 拒奸类与和奸类的职业比较

下面分别比较拒奸类与和奸类案件中主动者和被动者的职业分布。

（一）主动者职业比较

将上述拒奸类与和奸类案件中各自主动者的职业与人数进行对比，可得表 5-7。

表 5-7 拒奸类与和奸类主动者职业分布比重对比

单位：人，%

职业类别及人数	拒奸类主动者的职业分布及比重	和奸类主动者的职业分布及比重
生员类 19 人	15—78.95	4—21.05
官兵类 17 人	7—41.18	10—58.82
僧道类 46 人	25—54.35	21—45.65

职业类别及人数	拒奸类主动者的职业分布及比重	和奸类主动者的职业分布及比重
劳工类 476 人	302—63.45	174—36.55
经商类 205 人	90—43.90	115—56.10
无业类 146 人	74—50.68	72—49.32

由表 5-7 可知，在建立同性关系方面成功率较高的职业依次是官兵类和经商类主动者，均超过 50%；僧道类和无业类主动者则相差无几。而在建立同性关系方面成功率较低的职业是生员类和劳工类主动者，分别约为二成和三成半。

在样本数量有限的情况下，仅从双方职业差异角度推测，可得如下结论。第一，官兵类和经商类主动者较为容易建立同性关系的原因，应该有其在官方身份、社会地位和物质基础等方面的优势；第二，生员类主动者较难建立同性关系，应该是因为其情欲对象也多为生员，受到儒家伦理道德的教化程度较深，故大多拒绝；第三，劳工类主动者较难建立同性关系，应该与其相对薄弱的物质基础有关。

（二）被动者职业比较

表 5-8　拒奸类与和奸类被动者职业分布比重对比

单位：人，%

职业类别及人数	拒奸类被动者的职业分布及比重	和奸类被动者的职业分布及比重
生员类 38 人	31—81.58	7—18.42
官兵类 5 人	1—20	4—80
僧道类 30 人	16—53.33	14—46.67
劳工类 571 人	324—56.74	247—43.26
经商类 110 人	48—43.64	62—56.36
无业类 273 人	153—56.04	120—43.96

由表 5-8 可知，在接受同性关系方面比例较高的职业依次是官兵类和经商类，均超过 50%；僧道类相差无几。在接受同性关系方面比例较低的职业是生员类、劳工类和无业类。

同样，在样本数量有限的情况下，仅从双方职业差异角度推测，可得如下结论。第一，官兵类被动者较容易接受同性关系，与上述官兵类主动者较为容易建立同性关系相结合来看，也许因为他们"贫无夜合之资，每于队伍中自相配合"。[①]第二，经商类被动者较容易接受同性关系，也许是因为双方合伙做生意，同性关系是双方经济利益关系的延续或加强。第三，生员类被动者较难接受同性关系，如上文所述，应该是因为他们所受到的儒家伦理道德的教化程度较深，故大多会选择拒绝。

第二节　建立方式

根据案情，主动者试图建立同性关系的方式大概有言语哄诱、肢体试探、财物利诱、借故挟制和设局逼迫等五种，下面分别讨论。

一　言语哄诱

主动者通过说话、开玩笑等方式，或直接或间接向被动者表明自己的求奸意图；被动者的反应则是拒绝与接受均有。

被动者接受求奸的案例，如发生于嘉庆六年正月直隶大名府南乐县的案件，主动者是 32 岁的剃头匠潘升，被动者是 21 岁的剃头

---

① 沈德符：《万历野获编》卷 24《风俗》，中华书局，1959，第 623 页。

匠龚富贵。潘升开剃头铺，龚富贵在铺做伙计，两人晚上一处睡觉。龚富贵说："那月不记日子夜里，潘升说要合小的鸡奸，小的应允，后又奸过好几次。"① 主动者似乎只是对被动者说要和他鸡奸，被动者就答应了，细节方面则语焉不详。

至于主动者言语哄诱的细节或内容，则多体现在被动者拒绝求奸的案例中。

如发生于嘉庆二十四年七月湖北省归州的案件，主动者是 31 岁的郑在荣，被动者是 22 岁余沛，两人同村居住，熟识无嫌。余沛说："嘉庆二十四年七月十三日晚，郑在荣邀小的同到陈胜乾酒铺吃酒。郑在荣醉后戏说，要与小的鸡奸，小的不依斥骂。"② 主动者是醉后戏说，要与鸡奸。

又如发生于同治六年八月山西汾州府孝义县的案件，主动者是 49 岁的霍中，平日游荡，不务正业；被动者是 21 岁的李洸当，佣工度日。两人同村认识没嫌。李洸当说："八月十二日午后，小的独自走到庙前，又合霍中撞遇。那时他吃酒大醉，就近前抱住小的腰身，说小的生得实在可爱，求小的跟他到僻处行奸，以后管给小的吃用。小的挣脱喊骂。"③ 主动者醉后说被动者"生得实在可爱"，求同去僻处行奸，以后管给吃用。可见，主动者的言语内容包括鸡奸的原因、地点和条件。

又如发生于嘉庆十一年五月山东青州府安丘县的案件，主动者是 48 岁的已婚男性王三，被动者是 18 岁的单身男性穆小盛；两人同在一处佣工，并无嫌隙。穆小盛说："嘉庆十一年五月十一日，

---

① 内阁刑科题本，嘉庆八年三月初六日，02-01-07-2206-008。
② 内阁刑科题本，嘉庆二十五年三月十七日，02-01-07-2741-009。
③ 内阁刑科题本，同治七年九月初六日，02-01-07-3678-026。

小的同王三在坡锄地。下午时候，将地锄完，彼此坐歇。王三说：
'这里没人，我合你耍耍罢。' 就将小的搂住亲嘴。"① 主动者用
"耍耍"来指代鸡奸。

又如发生于嘉庆十四年四月奉天府开原县的案件，主动者是
32岁的陈进功，贩卖烟叶为生；被动者是16岁的孙守立。两人素
不认识，并没嫌隙。陈进功说：

> 初七日起更后，小的先到炕北睡下，孙守立、张克己随
> 后进屋照前睡下。孙守立是挨着小的睡的，刘强还没进屋。
> 约有二更时，小的听张克己打呼睡熟，孙守立咳嗽，没有睡
> 着。小的因孙守立年轻，一时起了淫心，想要鸡奸孙守立，
> 又怕孙守立不依，小的没敢用强，也不敢手足勾引。小的心
> 想，先拿语试探，看他光景如何。随悄悄向孙守立说："你
> 肯给我鸡奸，我给你银钱使用，你肯不肯？"不料孙守立不
> 依，随即起来下炕，嚷说："你看我老实，要想奸我吗？"混
> 骂起来。②

本案主动者展示了言语哄诱的一般过程：因见被动者年轻而起
了淫心，想要鸡奸被动者又怕被拒绝，故没敢用强，也不敢手足勾
引，于是先拿言语试探，提出以银钱换鸡奸，然而还是遭到被动者
拒绝。值得注意的是，本案主动者所说的"拿语试探，看他光景
如何"，究竟是想"试探"什么？根据案情推测，主动者除了想要

---

① 内阁刑科题本，嘉庆十一年十月二十七日，02-01-07-2299-013。
② 内阁刑科题本，嘉庆十四年九月初三日，02-01-07-2393-005。

试探被动者是否会接受他提出的财色交易，应该还想要试探被动者是否跟他一样是喜好男风的同道中人。

综上，在清代乡村社会中，主动者对被动者的言语哄诱，在内容上，有直接说明意图鸡奸的，也有间接许钱试探的；而被动者对此的反应各异。由于细节不详，对于被动者拒绝或接受的原因，除了口供中说明的信息之外，只能归因于被动者的个体差异：是否接受男风，或是否接受财色交易。

二 肢体试探

主动者通过摸臀、摸下身、搭腿等肢体接触方式，或直接或间接地向被动者表明自己的鸡奸意图。同样，被动者的反应也是拒绝或接受均有。肢体试探其实是一种比言语哄诱更为隐蔽的识别同类的方式：如果对方也是好男风者，那么一拍即合，即所谓"调戏成奸"；如果对方不是好男风者，则其遭遇肢体试探时，或者以为是主动者的无意识行为，或者就直接躲开。这种试探方式通过清代乡村社会中那些好男风者的实践，得以在地理上横向传播，或在时间上纵向流传。下面通过几个案例来说明肢体试探的表现。

如发生于道光二十年十月盛京奉天府复州的案件，主动者是50岁的周帼太，被动者是37岁的王均铎，两人素相认识，在一处佣工，同炕存宿。案情如下：

> 十月初八日夜间，李端在炕北首睡卧，王均铎、周帼太在炕南首睡卧。半夜时，周帼太伸手入王均铎被内，压于身上。王均铎惊醒，疑其睡熟糊涂，将手推开。移时周帼太复伸手进

王均铎被内，摸其谷道。王均铎始知周帼太图奸，当即吵嚷。周帼太将手抽出。李端惊起查询，王均铎诉悉前情，周帼太并未言语。李端向其斟询，周帼太勉强说是顽笑，当即开门走出。[①]

在本案中，由于主动者与被动者同炕睡觉，就存在肢体试探的机会。主动者先是伸手进被动者被内，压在被动者身上，而被动者惊醒后以为主动者只是睡熟糊涂之下的无意识行为，而将主动者的手推开；但当主动者再次将手伸入被动者被内，并摸他屁股肛门附近时，被动者才意识到主动者是想要鸡奸他，于是发生争执。本案展示了肢体试探的一般表现。

又如发生于嘉庆九年三月陕西西安府咸宁县的案件，主动者是56岁的苏帼文，被动者是21岁的王眼儿；双方认识，并没仇隙。王眼儿说：

嘉庆九年三月二十一日下午，苏帼文来糖房闲话。到将黑时，苏帼文说他第二日城内还有事，要借宿一夜。叔子应允，叫他合小的并伙计傅信在西房同炕歇宿。小的睡在西头炕里边，独自盖着一条被。苏帼文睡在中间，合傅信共盖一条被，与小的睡在一头，傅信睡在东头外边。小的睡熟。约三更时，有人在小的腿上捻了一下，小的惊醒查问，苏帼文答应是他。小的道他睡梦糊涂，没有理会，翻身向里。刚要睡着，不料苏帼文揭开小的被子，就挨过身来贴在小的背后。小的转身吆

---

① 内阁刑科题本，道光二十四年三月十九日，02-01-07-3359-016。

喝，苏帼文用手掩住小的嘴，叫小的不要声张。小的气忿，用手推抓，大声嚷骂。①

可以看出，本案中主动者对被动者进行肢体试探的方式与前案殊无二致。被动者面对主动者的肢体试探，也是开始以为对方是无意识行为，而后才意识到对方是要鸡奸自己。但是主动者对于被动者开始的不理会，想法却是"见他没理论，道是肯的，就揭被求奸"。显然，主动者的这种想法并非本案所独有，前案主动者应该也有这种想法。

这种"没反抗就是接受"的想法产生的原因，在于主动者认为自己的肢体试探是男风文化中"手足勾引"的表现，是识别同道中人的信号；进而认为，如果对方没有拒绝就表示接受，对方也是同道中人。但被动者认为主动者的试探只是单纯的无意识行为，因为被动者并不知道男风文化，遑论这种行为在男风文化中意味着什么。因此当他面对主动者的肢体试探时，就表现得毫不在意。而被动者的毫不在意，就被主动者误解为男风文化中的接受。于是，先是被动者误读了主动者的行为，而后主动者也误读了被动者的行为。

双方对彼此行为不断产生误读的原因，是没有共享同一种文化。因此，双方从各自不同的文化中去解读对方行为的意义，就不可避免地产生误解与冲突。在上述案件中，不都了解男风文化就是双方产生冲突的根源。由于案件中并未说明主动者从何得知男风文化，因此只能推测。在明代后期成书的著名世情小说《金瓶梅》

---

① 内阁刑科题本，嘉庆九年十一月二十二日，02-01-07-2245-022。

中，有关于男风文化中肢体试探的记载。① 有关肢体试探的记载，以及其他类似的记载，也许会通过各种方式流传到清代乡村社会中，成为好男风者之间口耳相传的暗语，进而通过他们的实践继续传播。

三　财物利诱

主动者以提供钱或吃穿用度等向被动者求奸，或是一次性的财色交易，或是提供一种生存方式；而被动者需要付出的，或是自己的身体，或是自己的身体兼陪伴。

案件显示，在基于财物利诱而形成的大部分同性关系中，主动者与被动者之间存在一个默契：主动者必须持续给被动者钱物，才能维系双方的同性关系；而当主动者给出的钱物无法满足被动者的要求时，被动者即可单方面终止双方的同性关系。于是，在如何看待双方之间的同性关系这个问题上，主动者与被动者就产生了一个根本性的观念差异：主动者认为双方同性关系得以存在的纽带并不仅仅是钱物，还应该有感情；而被动者则只是将双方的同性关系看作一种谋生方式，他只是在拿钱办事而已，因此一旦主动者没钱或给钱变少，就会终止关系。始于财物利诱的关系，多半也终于财物纷争。下文论及双方同性关系结束时会细说。

财物利诱成功的案例，如发生于嘉庆六年山西太原府交城县的案件，主动者是59岁的单身男性张法成，被动者是20岁的吕向阳，两人同村无仇。吕向阳说：

① 兰陵笑笑生：《金瓶梅词话》，人民文学出版社，1992，第943页。

嘉庆六年二月二十八日，小的从家起身，带了铁斧，到西山揽扎木筏。路遇张法成，说到西山买木，一同行走。晚上在蔡家社村任添陇店里同炕住宿。张法成要合小的行奸，小的不肯。张法成许给二两银子，小的应允，被他奸了。二十九日夜，又被奸一次。小的向他要钱，张法成说迟日再给。三十日，小的就不给他奸了。三月初一日，张法成往岔口村看木料。小的怕他躲开，跟着同去。张法成看了木料，晚上住在郝荣花店里。半夜时，张法成又要行奸，小的不允，讨要银子，彼此吵嚷。郝荣花起来劝息。初二日早，小的同张法成回来，走到东虎沟口，张法成坐地歇息。小的又向他逼讨银子。张法成生气，把小的村骂，还嚷说，若不常给他奸，回家要张扬奸情，使小的没脸做人。小的因他既不给银，又要叫小的出丑，一时气极，起意把他致死。①

在本案中，主动者起初说要和被动者鸡奸时，遭到被动者拒绝，但主动者随后许诺给被动者二两银子，被动者就同意被鸡奸。虽然主动者最后也并未兑现承诺，但可以看出，对于部分被动者而言，即便不知道自己是否接受男风，但可以确定的是，自己并不排斥通过向其他男性出卖身体来换取银钱。或者说，这些被动者只是把被奸换钱当作一种谋生方式或增加收入的方式。但是，前提依然是不能被他人知道。因此，在这些被动者心中，以奸换钱是一种可以私下进行的有违道德或有辱声誉的赚钱方式。

当然，财物利诱也有失败的案例，如发生于嘉庆七年十二月

① 内阁刑科题本，嘉庆七年二月初八日，02-01-07-2172-015。

贵州威宁州的案件，主动者是 35 岁的李尚达，被动者是 20 岁的戴小二，两人在一处挖沙子，都在厂房歇宿，素无嫌隙。戴小二说：

> 嘉庆七年十二月二十四日，李尚达私下拿了一百文钱给与小的，叫小的夜尽时到他床上同睡。小的不依斥骂。当有砂丁头何起仁听见，问明缘由，把他斥责。李尚达当与小的赔礼，小的就歇了。①

在本案中，主动者不是许钱未给，而是直接把一百文钱给了被动者，之后才提出晚上同睡的要求。虽然被动者拒绝，但可以看出，与前案相比，两案中的被动者年龄和职业都相仿，各自与主动者之间的社会关系也类似，但结果相反，究其原因，只能归结为两个被动者之间的个体差异。

至于被动者拒绝被奸换钱的原因，可以参考发生于嘉庆九年二月京师的案件，主动者是 30 余岁的刘二，被动者是 19 岁的单身男性刘长青。刘长青说：

> 今年正月二十九日，有朱姓砖瓦窑上雇我扛上。因无处住歇，我堂叔刘五荐我与刘二同住一炕睡宿。是夜，刘二说天气寒冷，叫我同被通腿睡卧。二月初三日夜，刘二转身过来，在我身旁睡下，说要与我鸡奸，我不依，他又说帮助钱文。我说他混闹，要向我堂叔告诉。刘二说："你不从就罢了，若告诉

----

① 内阁刑科题本，嘉庆八年十二月初八日，02-01-07-2225-013。

你堂叔，我就要打你。"我畏他力大，不敢与较，当即分被各睡。初五日夜，他又拉我的被，要与我同睡。我不允。他说我是傻子，若从了他，时常帮钱使用，岂不好吗？我说不肯丢人。他生气，各自睡了。①

在本案中，主动者向被动者提出以钱换奸的要求却遭到拒绝，原因是被动者说"不肯丢人"。本案被动者与之前两案的被动者在年龄、职业、社会关系等方面也都相似，那么从他所说的拒绝被奸换钱的原因就可以看出，道德约束对不同个体所产生的作用不尽相同。

四 借故挟制

主动者掌握了被动者的把柄之后，借机挟制被动者与之鸡奸。如被动者无力还钱，则主动者会要求鸡奸抵欠；如主动者知道被动者曾和他人有奸，则主动者会以曝光奸情来要挟被动者与之鸡奸。被动者的反应同样是接受和拒绝兼有。

主动者借故挟制的成功案例，如发生于嘉庆年间河南卫辉府封丘县的案件，主动者是40岁的单身男性董桂林，被动者是19岁的韩东方，两人均佣工度日。韩东方说：

嘉庆二十年六月，小的在案下寻工，借用董桂林钱一千五百文。后因无钱偿还，被他鸡奸，不记次数。他管小的吃穿，跟他过活。二十一年四月里，小的见董桂林没钱，不愿跟他。

① 内阁刑科题本，嘉庆九年六月初十日，02-01-07-2234-013。

二十六日，小的遇见素识的李林，托他寻主做工。李林应允，留小的住下，也与小的鸡奸。后来，董桂林屡次找寻小的，李林不叫回去。小的怕董桂林不依，也就躲避不见。①

在本案中，被动者因为借钱后无力偿还，而被主动者鸡奸，并一同生活，之后因为主动者没钱，就离开主动者。

同样的案例还有发生于道光年间甘肃合水县的案件，主动者是36岁的单身男性麻如禄，开杂货店生理；被动者是29岁的单身男性杨珍，父母俱故，平日游荡，不务正业。麻如禄说：

道光元年，杨珍向小的借钱五百文，屡讨没还。小的见他面貌干净，就向他挟制鸡奸，后来时常续奸，帮给衣食，不记数目。六年五月二十九日，小的往案下东华池地方讨账，叫杨珍同行奸宿。六月初一日，投住刘麻匠歇店。初二日，有素识的宁州人邹万良也到店里寓歇，合杨珍见面顽笑。初五日夜，小的酒醉回店，见杨珍在邹万良房内，坐炕说笑。小的料他们也有奸情，心里妒恨，向杨珍斥骂。初六日早，杨珍合邹万良一同出门去了。小的恨他薄情，愈加气忿，起意把杨珍杀死出气。②

在本案中，被动者同样是因为借钱后无力偿还，而被主动者挟制鸡奸，之后帮给衣食，两人的同性关系持续了五六年。

---

① 内阁刑科题本，嘉庆二十二年三月初一日，02-01-07-2635-001。
② 内阁刑科题本，道光七年二月二十七日，02-01-07-2930-014。

结合以上两案可以看出，在有些情况下，主动者的借故挟制鸡奸会导致被动者实际上的被奸换钱。那么在这种情况下，主动者在提供了钱财吃穿之后，他所需要的就显然不仅仅是被动者的身体，还有被动者的陪伴，如上文所说的一同过活和同行奸宿。于是，主动者除了对被动者有生理需求外，还产生了心理需求。但是反观被动者，他们似乎并未对主动者产生心理归属感，而是会继续选择其他对象进行以奸换钱的生活。于是就出现了讽刺的一幕：主动者起初可以通过鸡奸抵欠的方式占有被动者，但被动者最后也会以同样的原因离开他，而选择其他出钱更多的男性。

　　主动者的借故挟制还有另一种形式，如发生于道光三年陕西西安府临潼县的案件，主动者是36岁的回民陈世保，开茶铺营生；被动者是21岁的单身男性霍鸡娃子。霍鸡娃子说：

　　　　道光三年上，小的在路上拾得布带一条，系在身上。陈世保看见，骂小的做贼，偷他布带。小的分辩，陈世保要投约究处。小的害怕还给，陈世保不依，要与小的鸡奸才肯息事。小的无奈允从。后来强把小的叫到他铺内奸宿，小的不去，陈世保就要殴打，不记次数，并没得过陈世保钱物。①

　　在本案中，主动者挟制被动者的做法是，先诬陷被动者做贼，然后恐吓被动者要报官，最后提出鸡奸才肯息事。而且主动者鸡奸被动者多次，从没给过钱物。可以看出，本案主动者的挟制套路是"诬陷—恐吓—要挟"，最后给出被动者两个选择，要么以

---

① 内阁刑科题本，道光十年闰四月十三日，02-01-07-3011-010。

偷窃为名送官治罪，要么答应被主动者鸡奸。一边是公开的刑罚，一边是私下的耻辱，被动者无奈之下选择了后者。相比前两案的主动者，本案主动者显然更为强硬，而且时刻占据主动，处处占据上风。

当然，借故挟制也有失败案例。如发生于嘉庆十八年十月直隶通州的案件，主动者是 31 岁的单身男性龚二，讨乞度日；被动者是 18 岁的单身男性周六儿。龚二说：

> 七月间，我看破于二与周六儿有奸。十月十四日，我向李八商量，叫他同向周六儿挟制求奸，李八未允。十五日下午，我向周六儿求奸，周六儿不依。我想再向他央求，他还是不肯，遂起意用刀吓唬。十六日点灯时，在工程处锅火内拿了菜刀一把，带在身边，要想晚间向周六儿吓唬成奸。走到石道旁，适见周六儿走来。我问他往那里去，他说要往海甸买烟荷包，我就跟他同走。我说："你与于二交好，为何不肯与我交好？"他要我给他置买鞋裤。我因没钱，许他迟日买给，并许日后帮给钱文。他说："你自己还没钱使用，也配帮我？"向我刻薄。①

在本案中，主动者一开始以看破被动者与他人鸡奸为由向被动者挟制图奸，却遭到被动者拒绝；之后，主动者再次求奸，并问被动者为何不与他鸡奸，被动者说嫌主动者没钱。可以看出，本案被动者似乎并不在意自己与他人鸡奸之事被旁人知道，他在意的似乎

---

① 内阁刑科题本，嘉庆十八年十月二十二日，02-01-07-2515-006。

只是自己被奸能否换来相应的钱物。由此可知，如果被动者并不在意奸情曝光的话，那么主动者就无法以此来挟制被动者；而这类被动者显然是将被奸换钱当作一种谋生方式。

五　设局逼迫

主动者为了实现鸡奸被动者的目的而不断设局，步步紧逼。与借故挟制相比，设局逼迫的前期过程更详细，更能体现主动者在求奸一事方面的经验和计划。

如发生于光绪十年正月吉林宁古塔的案件，主动者是48岁的佣工刘云幅，被动者是26岁的佣工王停选。两人事先不认识。案情如下：

> 光绪九年春间，王停选由原籍来到宁古塔地方佣工糊口。与刘云幅先不认识。秋间王停选至塔属大肚子川地方觅工，与刘云幅相遇，同在一处工作，一同住宿，并无嫌隙。十年正月间，刘云幅忽向王停选诈说，齐姓睡觉将腿压在王停选身上，疑有奸私。王停选因被平空污辱气忿，同向齐姓质对，致相争吵，经旁人劝歇。至晚，王停选在北炕睡宿，刘云幅欲与挨卧。王停选未理，躲在南炕，刘云幅又赶到南炕，并说王停选既跟齐姓睡觉，亦应与伊睡觉。王停选忿激吵嚷。经刘父训斥，各自睡歇。次日，王停选即搬往冷家炉躲避。嗣刘云幅复找去寻衅欺侮，王停选亦不依。经人将刘云幅劝走。后王停选受雇与涝枝沟屯李幅家佣工。王停选将被刘云幅屡次欺侮情节向李幅告述，经李幅劝解。至四月间，刘云幅又找至李幅窝棚，向王停选商量，复欲同伙营运。王停选

未允，刘云幅走去。是月二十一日，刘云幅与徐姓偕抵李幅窝棚投宿。下晚时，王停选由地工作回归，见刘云幅等同在窝棚内吃喝酒饭。王停选独自吃饭，完毕时已点灯。徐姓在窝棚外歇凉。王停选困倦，随在自己铺上沉睡。刘云幅即脱衣，在王停选身旁挨卧。二更时分，刘云幅用脚将王停选勾醒，称说还不脱衣睡觉。王停选昏沉间脱去中衣欲睡，刘云幅向王停选低声戏说，尔已被人奸过，别装好人，随将王停选搂抱，硬要行奸。王停选斥骂一声，用力撑拒间，左手放在刘云幅放的尖刀上。因其搂抱不放，恐被奸污，一时忿急，顺手摸起尖刀向其扎去致身死。[①]

在本案中，主动者设局逼迫的求奸方式可以分为四个步骤。

第一步是"诬陷被奸"。主动者对被动者"诈说"有人睡觉将腿压在被动者身上，因而怀疑他俩有奸私。这是对被动者进行污名化，在整个社会认为鸡奸之事是耻辱的大背景之下，主动者此举的目的是以莫须有的奸情要挟被动者，让后者产生自暴自弃的情绪，进而让自己有机可乘。但被动者觉得自己"被平空污辱"，气愤之下选择当面对质，不怕公开谣言。

第二步是"私下求奸"。主动者直接向被动者私下求奸，说被动者既然能跟别人睡觉，应该也能跟他睡觉。被动者因为再次被污辱而与主动者再次争吵。之后，被动者就到别家做工。这时，如果主动者转移目标，或被动者最终屈服，那事情也许就到此为止，而主动者的求奸方式就是借故挟制。但本案的被动者并没屈服，而主

---

① 　内阁刑科题本，光绪十一年六月二十三日，02-01-07-4115-009。

动者也没有放弃。

第三步是"寻衅欺侮"。主动者尾随被动者，进行挑衅欺辱，而被动者继续反抗，两人再次发生争执，经旁人劝开。至此，可以推测出被动者所处的状况：即便他知道自己是清白的，但主动者再三向他泼脏水，这也必然会让周围人将被动者与鸡奸联系起来，即被动者的名声已然受到一定程度的玷污。

第四步是"继续逼奸"。主动者随后在一天夜里，继续向被动者求奸，继续污名化被动者，说他既然已经被人奸过，就别装好人了，进而开始用强。这时，被动者终于忍无可忍，愤急之下将主动者杀死。

本案发生时，主动者已经48岁，根据他在案中的一系列行为，可以推测他之前也许对别人也使用过这些招数，而且应该成功过，所以他才会对本案被动者故技重施。不过，本案的被动者没有无奈就范，而是奋起反抗，将主动者杀死。

综上，主动者采取设局逼迫的求奸方式时，一般会先给被动者凭空捏造一个污名，然后通过私下挟制或者公开欺侮，不断骚扰被动者，并在客观上强化众人关于被动者与鸡奸之事的联系，然后将上述手段循环反复使用，最终逼迫被动者就范，或者遭到被动者反击。

小　结

本章分析了主动者与被动者的职业对于双方建立同性关系的影响，尤其值得注意的是主动者职业的影响。在样本数量有限的情况下，如果仅从职业差异这个角度分析的话，可知：第一，官兵类和经商类主动者较为容易建立同性关系的原因，应该有其在官方身份、社会地位和物质基础等方面的优势；第二，生员类主动者较难建立同性关系，应该是因为其情欲对象也多为生员，受到儒家伦理道德的教化程度较深；第三，劳工类主动者较难建立同性关系，应该与其相对薄弱的物质基础有关。

需要说明的是，职业因素对于一段同性关系是否能够建立，只是一个参考因素，而非决定性因素。对职业的分析也只是提供了一个外在的角度，以便更全面地了解影响一段同性关系建立的更多因素。

根据案情，主动者建立同性关系的方式大概分为言语哄诱、肢体试探、财物利诱、借故挟制和设局逼迫五种。其中，言语哄诱和肢体试探侧重于试探对方是否属于接受男风的同道中人，财物利诱侧重于试探对方是否愿意接受以奸换钱的谋生方式，借故挟制和设局逼迫则利用整个社会对鸡奸所持的耻辱性观念，侧重于以曝光奸情或诬陷被奸的手段来挟制逼迫对方就范。

值得注意的是，不同被动者面对主动者的上述求奸方式时，反应也各不相同。即便双方的职业对比相似，但不同案件中的被动者的反应也不尽相同。由此可知，被动者在主观上的个体差异也许才是决定一段同性关系是否能够建立的关键因素。只是由于被动者口供中的相关信息较少，笔者才加入各种外在因素进行分析。

第六章 关系的类型

当同性关系建立之后，会表现出不同的特点，而本章探讨的就是主动者与被动者之间所形成的同性关系的几种类型。刑科题本档案显示，清代男性之间的同性关系可以分为偶然型、同伴型及隐居型三类。由于绝大多数案件发生于乡野之间，这三种关系也主要体现于乡村社会。

第一节 偶然型

清代男性之间的偶然型同性关系，指两个男性之间的同性性行为的发生频率只有一次或几次，此类关系具有随机性，双方大多互相认识，发生关系时均为自愿。该形式以主动者的情欲唤起为起因，绝大部分关系涉及财物。在城市中，这种关系主要表现为好男风者狎戏优伶。在刑科题本中，这类同性关系大致可以分为邻里之间、一夜风流和皮肉生意三种模式。

一 邻里之间

指发生于成年男性与青少年男性之间的一次或几次的同性关

系，双方多为熟识的邻居，这种关系多为成年男性一种宣泄欲望的
渠道。

在四百余件和同鸡奸（即双方自愿发生同性关系）类案件中，
主、被动者双方和奸次数不多于 3 次的案件有 113 件，其中双方为
"邻居"关系的案件有 64 件，约占全部和奸类案件的一成多。其
中，和奸 1 次、2 次、3 次的案件分别有 48 件、8 件、8 件。在这
64 个案件中，共有 53 个主动者和 59 个被动者有年龄信息。双方
的年龄分布如表 6-1、表 6-2 所示。

表 6-1　邻居关系且和奸不多于 3 次的主动者年龄分布

单位：人

年龄（岁）	人数	年龄（岁）	人数	年龄（岁）	人数
16	1	28	1	39	2
17	1	29	2	40	1
18	2	30	3	41	1
19	1	31	1	42	3
20	1	32	3	44	1
21	1	33	1	45	1
22	2	34	3	46	1
23	2	35	1	48	1
24	3	36	1	52	1
26	3	37	2	59	1
27	2	38	2	66	1

表 6-2　邻居关系且和奸不多于 3 次的被动者年龄分布

单位：人

年龄（岁）	人数	年龄（岁）	人数	年龄（岁）	人数
6	1	11	6	14	5
10	7	12	4	15	8

续表

年龄（岁）	人数	年龄（岁）	人数	年龄（岁）	人数
16	5	20	4	24	1
17	5	21	2	25	1
18	6	22	1		
19	2	23	1		

经过统计，主动者的平均年龄为 32.58 岁，被动者的平均年龄为 15.37 岁，双方的平均年龄差距为 17 岁多。

在这 64 个案件中，有 59 个主动者有确切的婚姻状况，其中和奸时为单身状况的有 30 人，除 2 人妻故外，余均未娶妻。他们利用被动者"贪图财物"的心理，诱使被动者与其和奸，其手段既有提供吃喝、物品、钱财等，也有"许给吃食"①"许钱二百文"②这种并未兑现的承诺，还有语焉不详的"哄诱"与"调戏"。例如，主动者提供的吃喝包括"糖食"③、饼④、"五个馍馍"⑤、酒⑥等，提供的物品包括"烟土八两"⑦"皮马褂一件、线被套一个"⑧等，提供的钱文数量则从三文⑨、五十文⑩到三百文⑪不等。被动者

---

① 内阁刑科题本，道光八年十二月十三日，02-01-07-2975-017。
② 内阁刑科题本，嘉庆十七年十二月十五日，02-01-07-2488-018。
③ 内阁刑科题本，咸丰二年六月十四日，02-01-07-3485-006。
④ 内阁刑科题本，道光元年七月二十一日，02-01-07-2782-015。
⑤ 内阁刑科题本，嘉庆十七年十一月初一日，02-01-07-2483-003。
⑥ 内阁刑科题本，嘉庆八年十一月初二日，02-01-07-2221-021。
⑦ 内阁刑科题本，光绪三年二月二十四日，02-01-07-3988-004。
⑧ 内阁刑科题本，道光十五年二月二十八日，02-01-07-3140-016。
⑨ 内阁刑科题本，嘉庆十四年十二月十三日，02-01-07-2402-005。
⑩ 内阁刑科题本，嘉庆二十二年三月十九日，02-01-07-2637-008。
⑪ 内阁刑科题本，道光九年十一月初二日，02-01-07-2996-005。

虽然出于种种目的而自愿和奸，但事后的反应却有所不同：有的似乎习以为常，又与主动者和奸几次；① 有的事后即受伤出血，"害痛啼哭"。②

　　从这些案件可以看出，在清代乡村社会中，有相当一部分年过三十却仍未婚娶的男性，其欲望出口更倾向于青少年男性。但无法由此断定这些男性的性欲对象只是同性，因为案件中主动者对其欲望唤起的表述大多是"淫念"或"淫心"，或者只是"起意"，而并未指向某一特定性别。这些男性的欲望对象亦有可能男女皆可，即一方受到压抑，则另一方就会凸显。另一方面，亦无法由此断定这些男性是因为超过适婚年龄仍未婚娶其欲望对象才变成同性的，因为这种观点所隐含的逻辑即所有超过适婚年龄而未婚娶的男性的欲望对象都有变成同性的可能，这显然无法证实。

　　从被动者角度看，15 岁左右的男孩更容易受到认识的 30 来岁的单身男性邻居的哄诱，而与之发生偶然的性关系。显然，熟人的身份会使原本就"年幼无知"的被动者更容易对主动者失去警惕。男人利用男孩的信任，略施小恩小惠即可得逞。涉世未深也好，一时糊涂也好，这些男孩都将为此付出代价。《大清律例》载："和同鸡奸者，照军民相奸例，枷号一个月，杖一百"。③ 可以想见，他们在之后几十年的人生中都要背负巨大的社会压力，他们既受到刑罚的威胁与道德的审判，也受到自我与他人的双重鄙弃。法律的制裁可能持续月余，但舆论压力则会伴

---

① 内阁刑科题本，嘉庆十七年十一月初一日，02-01-07-2483-003。

② 内阁刑科题本，嘉庆九年二月十九日，02-01-07-2228-003。

③ 《大清律例》，第 554 页。

随一代人。

如果这些被动者的和奸之事不是由其家人出于保护和训诫的目的报官而曝光，而是由旁人发现或是主动者自己张扬出去的话，这些被动者很可能会杀死旁人或主动者。

旁人发现后被杀的例子，如发生在道光十五年正月山东濮州的案件，被动者邢三更曾与主动者李东居和奸，该事被僧人仪法发现，后来仪法就以此要挟被动者，于是双方发生争执，被动者说："仪法僧越发辱骂，并说小的被李东居鸡奸，要向庄众张扬出丑。小的因被说破奸情，恐他逢人传说，没脸做人，一时气极，起意致死灭口。"①

主动者祸从口出的例子，如发生于陕西葭州的一场持续三十年的纠葛。起因是被动者屈登科曾在乾隆三十四年与主动者马思曾和奸，后因被铺伙发现且被讥笑而拒绝再和奸，主动者因此对被动者心生嫌隙，并在一次酒醉后在街上当众嚷出此事，被动者说："小的羞愧，随即出铺，往山西佣工。迟了年余回家，街上的人都向小的耻笑。那时，小的心里气恨，想要杀死马思曾出气。因他已往口外去了，不能杀他。后来年深日久，铺伙张岂文早已死故，众人再没有说起前话，小的也就渐渐气平。"被动者后来也娶妻生子。但在三十年后的嘉庆四年二月，主动者马思曾回乡，被动者说："忽见马思曾走过，小的装作不看见，没有理他。他反来问小的说，如今不比少年好看，他不要小的同睡了，还不理他吗？小的听见这话，气忿不过。当时没有言语，忍气回家，拿定主意，与他拼命，

① 内阁刑科题本，道光十六年九月初一日，02-01-07-3183-019。

要把他杀死，小的也自己扎死了散场。"①

可见，在清代乡村社会中，在那些由于被哄诱而一时自愿和奸的青少年男性中，有一部分人事后是羞愧和后悔的，再加上被旁人耻笑，他们更是被一种耻辱感所笼罩。而消除耻辱感的方式，要么是自我放逐式的背井离乡另觅他处，要么是玉石俱焚式的杀死知情人和主动者，然后自杀。

然而，更值得关注的是那些在清代社会中未被刑科题本所记录而经历了上述被相熟的同性长辈性侵的男孩。这种年少时的遭遇会对他们之后的人生产生何种影响？施存统在他22岁的时候写过一篇"只写事实"的回忆性文章，忆及发生在他11岁那年的一段往事：

> 我住的学堂，在离我村半里路光景的一个寺里，是很寂寥的。有一位姓金的教员，他怕僻静，所以常常叫学生去作伴，我也是常去的。起初还好，没有什么事情，后来有一夜，他竟从梦里强奸起来，我那时不肯，要想叫喊；他却恩威并用，又用强力把我底口闭牢，使我不能开口。我那时只怕大家知道，于我底名誉不好听（！），所以只得吞声隐忍；但从此我再也不敢和他同睡了！下半年又有一位姓施的什么，他仗着父亲底势力来做教员，也一样的叫我们去作伴，也一样的来强奸我！这些禽兽，自己甘于做禽兽，却还要拖着十一二岁的小孩子也跟着他们做禽兽，真是罪不容诛，狗猪不食的东西了！我那时愤怒异常，决计将来必杀二贼，以雪此耻！

---

① 内阁刑科题本，嘉庆五年三月三十日，02-01-07-2104-002。

此事不能不说<不>是我生平底奇耻大辱，我历史上最大的污点！所以我什么事都对人讲，惟有此事，却一向隐忍不发，暗中痛愤而已。我今天把他老老实实写出来，是要给谈社会问题的人一个确实资料。①

可见，施存统少年时被学堂的两位教员性侵后的心理反应，与刑科题本中那些事后愧悔的被动者的反应几乎一样：担心事情传扬出去会玷污自己名声而忍气吞声，但心里愤怒异常，想要杀死行奸者以雪耻。可以想见，在清代的乡村社会中，大部分有过相同遭遇的男孩在事后也许只能默默承受此事对自己身心产生的负面影响。尤其是那些被相熟的长辈性侵的男孩，他们不得不在之后的日常生活中继续被迫接触那些长辈，而那些长辈也大多认准这些男孩受困于羞耻和胆怯而不敢发声，从而可能再次实施性侵。因此，这些被相熟长辈性侵的男孩所遭受的痛苦会更加持久，身心创伤也更难恢复。

现代心理学调查研究表明，童年遭受过性侵的人在其后的成长过程中会更容易出现抑郁情绪和自杀意念。② 而一些在幼年时遭受过同性性侵的男性在成年后更可能会选择男性作为性伴侣。③ 这虽然不能一概而论，但至少可以表明，年少时被同性性侵的经历有可能是导致他们成年后性欲对象为同性的一个因素。

---

① 存统：《回头看二十二年来的我》，《民国日报》（上海），1920 年 9 月 20 日，第 4 张。

② 陈晶琦：《565 名大学生儿童期性虐待经历回顾性调查》，《中华流行病学杂志》2004 年第 10 期，第 876~877 页。

③ 黄妙红：《儿童期性侵犯受害者不同创伤反应的应对策略》，中国青年政治学院硕士学位论文，2011，第 17 页。

综上，在清代乡村社会中，青少年男性与成年男性邻居之间的偶然型同性关系，对于成年男性而言，可能是其异性欲望无法满足的一种补偿，也可能是其同性欲望的满足；对于部分青少年男性而言，这种遭遇产生的负面影响可能会在相当长一段时期内伴随着他们，甚至会影响到他们日后对同性关系的心理反应。

二　一夜风流

这是指男性之间的一种双方自愿的一次性同性关系。这种关系一般发生在两个互相认识的男性之间，主动者追求，被动者自愿，双方共度一夜后各自散去，没有纠纷。

一个比较有代表性的案件发生于道光十九年二月的四川成都府双流县，主动者是 26 岁的陈洪喜，被动者是 15 岁的康娃，二人"平素认识"。另有一个旁观者是 19 岁的彭家幅。陈洪喜说："道光十九年二月初二日，小的赴场赶集，与康娃会遇。小的见他年轻，起意鸡奸。就是那晚，邀同康娃，在王潮友饭店住宿，调戏成奸。第二日早，小的与康娃开了店钱，各自走了。"

在旁观者眼中，那一夜的事情是这样的："道光十九年二月初二日夜，小的在王潮友饭店内，与康娃并陈洪喜隔房睡歇。一更过后，听得陈洪喜与康娃同床说笑，起身从缝隙窥看，见陈洪喜正与康娃鸡奸。小的没有做声，各自睡了。初三日傍晚，小的在田边，撞遇康娃走来。小的把他叫住，说他与陈洪喜有奸，也要与小的奸好，方免声张。康娃不依。"[1]

在上述主动者与被动者的同性关系中，主动者没有强迫被动

---

① 　内阁刑科题本，道光十九年九月初六日，02-01-07-3257-004。

者，也没有用财物利诱被动者，被动者也是自愿，这从旁观者口中的"同床说笑"即可看出。即这段同性关系的形成是出于双方自愿，尤其是被动者自愿。此外，双方虽然平素认识，但发生同性关系应该是初次。因为根据笔者所查阅的千余件刑科题本，如果二人过去曾经发生过同性关系，那么主动者再次追求被动者时，档案中通常会使用"续旧"或"续奸"等说法。

在本案中，双方在赶集时相遇，当晚在饭店同住一房，进而发生关系，即所谓"调戏成奸"。可见，赶集是双方发生关系的重要契机。在乡村社会中，赶集是百姓生活中必不可少的周期性活动，"每集则百货俱陈，四远竞凑，大至骡、马、牛、羊、奴婢、妻子，小至斗粟、尺布，必于其日聚焉"。[①] 在这场大型货品交易活动中，人们交换物品，开阔眼界，结识新知，联络旧友。不只有人搜寻需要的物品，还有人搜寻合适的对象。因此，集市就为如本案中主动者一样的好男风者提供了一个公共空间，他们在此可以追逐狩猎，也可以识别同好；可以哄骗利诱，也可以自愿相约。双方在公共空间产生联系后，就转入私密空间——饭店房间中，之后事情水到渠成。第二天主动者付房钱，双方分别。对于主动者而言，这一天的经历看似偶然，但从中似乎又能看出一些模式：在赶集时搜寻目标，识别是否同好或猎物，哄诱调戏后住店，发生关系，第二天分别。

本案中的旁观者则以局外人的视角帮我们完整认识了这套模式。若非他向被动者求奸不成而杀死对方，那么整件事就不可能记录于刑科题本，而本案中主动者与被动者的同性关系就不可能呈现

---

① 谢肇淛：《五杂俎》，中华书局，1959，第89页。

出来，只会像过去发生过的绝大多数事情一样湮没于历史中。此外，本案中的旁观者还有另一个意义，即证明被动者在同性对象的选择中具有一定的自主权。在面对主动者与旁观者的先后追求时，被动者表现出截然相反的态度：喜欢的一夜风流，不喜欢的宁死不从。在被动者身上就体现了其个人喜好在同性对象选择上的决定作用。

综上，在一夜风流的同性关系中可以看出清代乡村社会中同性社交的场所及模式，以及被动者对于追求者的自主选择。

三　皮肉生意

这是指一些男性针对同性的肉体交易，他们向同性出卖自己的身体以获取财物，即以奸换钱，类似一种谋生手段。在题本中最直接的表述就是"卖奸"。这种关系始于主动者提供财物而被动者出卖身体，主动者持续提供财物是双方关系存续的关键，而当财物供给终止，双方关系也就随之结束。

如发生在同治年间张家口的案件，卖奸者名祝二子，有两名主动者与他建立同性关系。

祝二子前在河南省城地方卖奸，适有与马黑驴同乡回民马焕赴彼生理，与祝二子会遇奸好。同治三年八月间，马黑驴赴万全县张家口揽赶买卖，祝二子在口卖奸，马黑驴亦与祝二子通奸。迨后，马焕至口，与马黑驴、祝二子会遇。祝二子以与马焕亦有奸情之言向马黑驴告知。三人同在一店居住，各管祝二子食用，彼此均不避忌。嗣马焕与马黑驴均有买卖，各为祝二子留下钱文而散。十月间，马焕与马黑驴先后复至张家口，仍与祝二子同住。至是月初九日，马黑驴因在口并无生意，又因祝二子屡次要钱，曾向马焕告述，次日欲赴归化城去。祝二子在旁听闻，令马黑驴留下银钱使用。马黑驴无钱回复，祝二子斥其薄情，彼此口角，经马焕劝歇。①

本案中的卖奸者有两个固定客户，三人同住且知道彼此的关系。一个客户后来因没有生意而无法继续提供银钱，加之被卖奸者屡次要钱，于是就与卖奸者发生争执。

这种向同性出卖自己身体以获取财物的现象，在小说中亦不鲜见。如《金瓶梅》中的陈经济在穷途末路时被一位老道收留为徒，但他觊觎道观的财产。当负责管理道观财产的老道的大徒弟夜间趁醉鸡奸他时，陈经济将计就计，利用大徒弟不敢张扬奸情的心理，与他达成协议：自己出卖身体，以获得道观各房钥匙。之后，陈经济就随意拿取道观银钱，继续花天酒地的生活。②

此外，与男性卖奸相关的还有剃头这项职业。清代以前，汉人一生很少剃发，尤其是成年以后，皆因"身体发肤，受之父母，不敢毁伤，孝之始也"。③但随着清朝入关颁布剃发令，剃头这项职业就逐渐发展起来，而一些变化也随之产生。在北京，"优童外又有剃头仔……惑人者不一而足。常言男盗女娼，今则男娼女盗"。④在福建，"业剃发者，辄畜成童以下，教以按摩。客至，进

---

① 内阁刑科题本，同治六年十一月十二日，02-01-07-3669-011。
② 兰陵笑笑生：《金瓶梅词话》，第 943~944 页。
③ 胡平生、陈美兰译注《礼记·孝经》，中华书局，2007，第 221 页。
④ 阙名：《燕京杂记》，北京古籍出版社，1986，第 129 页。

献其技，倚人身作昵昵态，其龌龊贪婪最甚，真恶习也"。① 可见无论南北，清代剃头业中似乎均存在以色侍人的现象。

一些刑科题本中也有相关表述。如发生在嘉庆年间湖南慈利县的案件，被动者是 15 岁的汪菖秀，"剃头营生"，主动者是 27 岁的杨洪溃，他说：

> 嘉庆二十三年二月内，小的叫汪菖秀到家剃头，向他哄诱鸡奸，后便奸好，不记次数。时常送给钱文食物，并没确数。他父亲汪添绪并不知情。后来小的穷苦，没钱资助。二十五年六月二十一日，小的路遇汪菖秀，要向续奸。汪菖秀说小的无钱，不允。小的斥骂，汪菖秀回骂。②

在本案中，剃头匠是被动者的职业，但他暗地里也通过向客人出卖身体来获得额外的"钱文食物"。而当客人"没钱资助"时，他就拒绝继续出卖身体。

综上，在皮肉生意型同性关系中，主动者提供财物而被动者提供身体，双方各取所需。当主动者无法继续提供财物时，则双方的同性关系亦随之终结。可见，物质条件是这类同性关系得以维系的关键因素。

第二节　同伴型

清代男性之间的同伴型同性关系指双方在特定条件下共同从事

---

① 谢章铤：《赌棋山庄全集 笔记合刻·围炉琐忆》，文海出版社，1982，第2404~2405 页。

② 内阁刑科题本，道光元年十月初三日，02-01-07-2788-014。

一份工作或参与一件事情，而在客观上造成双方在一段时间内彼此做伴，进而产生了同性间的关系。如双方一同佣工、乞讨、唱戏、读书等，持续时间一般从数月至数年不等。有钱人家蓄养俊仆或娈童也属此类。双方的同性关系形成，会加强双方之间原先的社会关系。在这类同性关系中，主动者依然是关系的发起者，他以财物、吃用、保护等不同条件为饵，诱使被动者答应与其建立同性关系。其中，主动者与被动者的性别角色是双方原先社会地位差异的延伸，即主动者将其在财富、阅历、力量、年龄等方面的优势，延续至双方的同性关系中。

一　主雇之间

这是指发生于雇佣双方之间的同性关系，是双方雇佣关系的一种延伸。雇主通过给佣工支付工钱，不仅换取了佣工的劳力，还换取了佣工的身体使用权。此举既强化了原先就存在的主雇之间的支配与服从关系，还增加了佣工对雇主的另一层依附关系。

如发生在嘉庆十年直隶易州的案件，雇主是 35 岁的回民韩微中，娶妻并无子女，开茶铺生理。佣工是 20 岁的孙英，他说：

> 嘉庆十年二月初十日，小的雇给韩微中茶铺里提壶，每月是七百七十大钱的工价。就是那夜，韩微中要合小的鸡奸，小的一时没主意，就被他成了奸了。后来乘空就奸，也记不得次数。韩微中给了小的一条月白裤子，一双紫花布套裤，并没得过他的银钱。韩微中时常同小的戏谑，不想被苏斗儿看出奸情。闰六月初九日晚上，韩微中没在铺里，苏斗儿走去，向小的调戏，要合小的鸡奸。小的不肯。苏斗儿说："你若不肯依

我，将来把你和韩傲中的事告诉地方，叫你们没脸见人。"当时苏斗儿也就走了。小的害怕，原把苏斗儿的话向韩傲中告诉，要辞工回家。韩傲中说："不要理他，以后苏斗儿再来，我把他腿骨打折，省得只管向你缠扰。"把小的劝住。到二十日，苏斗儿又去向小的求奸，小的执意不肯，应把韩傲中要打他的话向他告知，原想他害怕，不敢向小的图奸的意思。苏斗儿生气走去。[①]

本案是典型的形成于主雇之间的同性关系，雇主提供工钱，佣工提供劳力及身体。而当其他人企图挟制佣工与之发生同性关系时，雇主还可以为佣工提供安全保障。因此，形成于主雇之间的同伴型同性关系的完整模式，包括雇主提供足够的物质保障，如工钱、额外的财物与人身安全等，而佣工则提供劳力和身体使用权。

如果佣工不满足于雇主提供的物质保障，则有可能另觅雇主。如发生于嘉庆十六年陕西蒲城县的案件，案中的佣工是 18 岁的姜拴儿，他先在 29 岁的姜银喜家帮工。姜银喜说："嘉庆十六年二月里，小的雇同姓不宗的姜拴儿在家帮工，月给工钱三百文，晚间同炕歇宿。小的把他哄诱鸡奸，后来时常奸好，不记次数。姜拴儿嫌小的工钱太少，屡要辞工，小的不依。六月二十八日，姜拴儿瞒过小的，私回他家。"接着是姜拴儿的讲述："走到素识的刘义欢家，刘义欢叫小的替他家帮工，每月给工钱六百文，晚上与刘义欢

---

① 内阁刑科题本，嘉庆十一年四月二十九日，02-01-07-2283-007。

同炕歇宿。刘义欢也与小的成奸。"①

　　本案中的佣工表现出了明显的主动性：他主动逃离给工钱少的雇主，而依附于给工钱多的雇主。对他而言，后一个雇主之所以支付给他多一倍的工钱，绝不仅是因为他所提供的劳力，显然也包括他的身体，他自然明白他得到的工钱为雇主所换取到的是两样商品。因此，在工钱符合他对自己的劳力以及身体的预期价格之后，他即可继续维持与雇主之间的雇佣关系以及同性关系。

　　此外，雇主若未能提供足够的物质保障，佣工内心的不满就会逐渐积累，直至爆发。如发生在嘉庆十一年江苏徐州府沛县的案件，17岁的佣工在41岁的雇主所开的饭店内帮伙，雇主在一年内多次向佣工许诺给与钱文和布匹来换取与之发生同性关系，佣工均允从，但事后总没得到任何应许财物。于是，在一次被雇主酒醉打骂之后，佣工终于忍无可忍："小的触起被他屡次鸡奸，应许钱布总不付给，还要打骂，实在忿恨，乘他睡着，蓄意把他致死。"②

　　可见，一段主雇之间的同性关系得以维持并保持稳定的关键，就在于雇主需要提供足够的物质保障。具体到钱财方面，就意味着雇主或提供足够多的工钱，多到足以让佣工自愿同时提供劳力和身体使用权，或提供正常工钱以及额外的财物。

　　主雇之间的同伴型同性关系的一个变体是师徒之间的同性关系，包括各类手工业者、匠人、伶人等之间的师徒。与主雇之间的同性关系相比，师徒之间的同性关系得以稳定维系的关

----

① 内阁刑科题本，嘉庆十七年七月二十日，02-01-07-2473-018。
② 内阁刑科题本，嘉庆十二年八月十九日，02-01-07-2326-015。

键并非物质因素，而更多是名分，即徒弟或学徒对师傅的人身依附。这种人身依附关系一方面为师徒之间的同性关系提供了一个公开的保护，另一方面也让师傅合理地拥有对徒弟的身体使用权。

梨园行中的徒弟对师傅的人身依附关系即可看作一个典型。"京师伶人，辄购七八龄贫童，纳为弟子，教以歌舞。身价之至巨者，仅钱十缗。契成，于墨笔划一黑线于上，谓为一道河。十年以内，生死存亡，不许父母过问。"[1] 一个伶人只需十吊钱即可买下一个贫苦儿童十年的所有权，称为"卖身契"亦不为过。在学艺期间，师傅自然可以对徒弟为所欲为。

如发生于嘉庆年间山西阳曲县的案件，案中师傅是32岁的李富现，徒弟是18岁的张黑子，后者说：

> 嘉庆十四年正月间，父亲因家贫难度，把小的送到李富现戏班内学唱旦戏，说明三年后出班。当被李富现哄诱小的鸡奸，不记次数。到本年正月，年限已满，小的想要出班，李富现不允。小的因李富现常合小的鸡奸，不肯给钱，心里不甘。到十一月初二日，李富现没有在班，小的就乘空逃到武秉青班内。武秉青把小的留住，也合小的同睡鸡奸。二十日，李富现走来，叫小的仍回原班，小的不允。李富现斥骂，武秉青帮着小的合李富现争闹。[2]

---

[1] 徐珂编《清稗类钞》第11册，中华书局，1986，第5102页。

[2] 内阁刑科题本，嘉庆十八年七月十一日，02-01-07-2505-003。

本案中师徒之间的同性关系形成于徒弟开始学戏后，学戏三年期间师傅并未给钱，徒弟学戏期满想要出班却遭到师傅拒绝，于是私自逃到别的戏班。可见，师徒之间的类似契约的人身依附关系对徒弟一方具有较强的约束力，即便师傅不提供任何钱物（吃住除外），徒弟也无法不提供身体使用权。虽说"一日为师，终身为父"，但当徒弟学艺期满出班后，师徒之间的契约约束力就立即减轻，师傅想要继续无偿使用徒弟的身体，就必然遭到徒弟的不甘和拒绝。此时，物质保障就成为继续维系师徒同性关系的关键。

综上，主雇之间的同性关系依附于双方之前的雇佣关系，依靠财物维持，即雇主提供足够的工钱，或工钱与额外财物，来换取佣工的劳力及身体使用权。一旦雇主财物减少或中断，双方的关系即随之结束。师徒之间的同性关系在徒弟学习期间依靠双方的师徒名分维持，当徒弟学习期满后，双方的同性关系即转变为与主雇之间一样，依靠主动者付出财物来维系。

二　同工之间

这是指发生于共同从事一份工作的双方之间的同性关系。此类关系更像一种互相帮助的工友关系的补充：主动者需要满足欲望，所以需要被动者的陪伴；被动者需要生存，或者减少生存的压力，所以需要主动者的物质支持。双方"互利互惠"，各取所需。

由于同工之间的同性关系大多只依靠主动者提供的物质保障来维系，缺乏主雇之间和师徒之间那种契约关系的约束，所以同工之间的同性关系大多极不稳定。这点在"无恒产，无恒业，而行乞

于人以图生存"① 的乞丐群体中体现得最为明显。如发生于嘉庆二
十一年四川成都府的案件,案中两名乞丐分别是 51 岁的谭蛮和 14
岁的李二娃。谭蛮说:

> 李二娃是嘉庆二十年十月里才来的,与小的同路求吃。小
> 的讨得饭来,分给他吃。就是那夜,叫他同小的在一处睡,小
> 的把他鸡奸了,过后时常与小的行奸。嘉庆二十一年二月十九
> 日,小的同李二娃到各处求吃,没有讨得饭吃。挨黑时一同走
> 到周潮仁地界,李二娃向小的抱怨,说同小的一同讨吃还是受
> 饿,他要走了。②

可见,对于年轻乞丐而言,决定其是否愿意与年长乞丐发生
同性关系的关键因素,是是否能够不挨饿。为了吃饱,为了生
存,一些乞丐愿意付出自己仅有的但在对方眼中有交换价值的
东西。

对于这种利益与身体的交换,有些佣工则显得驾轻就熟。
如发生在道光二十七年陕西邠州的案件,案中三个佣工均受雇
在同一煤井挖煤,17 岁的佣工先后与 41 岁和 31 岁的两个佣工
发生同性关系,后两者所提供的均为"帮挖煤炭,并没给过
钱物"。③

还有一类佣工之间的同性关系,在利益与身体的交换之外,多
了一层搭伴生活的意味。如发生在嘉庆年间陕西大荔县的案件,案

① 徐珂编《清稗类钞》第 11 册,第 5472 页。
② 内阁刑科题本,嘉庆二十一年七月十二日,02-01-07-2612-008。
③ 内阁刑科题本,道光二十七年八月二十七日,02-01-07-3415-005。

中的两个佣工分别是 30 余岁的石二与 21 岁的徐甲儿，两人"素相熟识，并没嫌隙"。徐甲儿说：

> 嘉庆十九年正月间，小的在大荔县地方与石二一处同伴，夜里同炕睡宿，记不得日子被他鸡奸。后来乘便行奸，不记次数。石二时常买些酒肉与小的同吃。他挣的钱，小的也时常使用，记不得数目。[1]

案中两名佣工，白天同工，夜里同宿，有钱同使，买酒吃肉。对外人而言，这是他们二人关系亲近的证明；对他们二人而言，这则是他们同性关系的掩护。双方的同性关系悄然存在并加强了双方的工友关系。相较乞丐，他们的生存压力已经小了许多，因此这种佣工之间的同伴型同性关系就多了一些共同生活的特点。

综上，随着双方生存压力的减轻，同工之间同性关系的表现也从单纯的财色交易，转变为或多或少增添了一丝共同生活的意味。

三　同学之间

这是指发生于一同读书的年轻男性之间的同性关系。双方年龄相当，一方起意哄诱，另一方或趣味相投，或似懂非懂而答应与之发生同性关系，一般不涉及财物。

如发生于道光二十五年山西闻喜县的案件，案中两个学生分别

---

[1]　内阁刑科题本，嘉庆二十年七月二十三日，02-01-07-2574-006。

是 18 岁的杨逢湘和 17 岁的李春生，二人均未娶妻，同村居住，"素好没嫌"。李春生说：

> 小的向同杨逢湘从邻村赵骥读书，就在书房住歇。小的合族弟李年娃、堂弟李幅生居住前院。杨逢湘合他兄弟杨五元居住后院。道光二十五年正月不记日期，李年娃们都回家去。杨逢湘向小的哄诱鸡奸，嗣后乘便续奸，不记次数，并没得过钱物。①

对于上述少年书生之间的同性关系形成的原因，明末小说《石点头》作者借一位读书人之口道出：

> 这偷妇人极损阴德。分桃断袖，却不伤天理。况我年方十九，未知人道，父亲要我成名之后，方许做亲。从来前程如暗漆，巴到几时，成名长进，方有做亲的日子。偷妇人既怕损了阴骘，阛小娘又乡城远隔，就阛一两夜，也未得其趣。不若寻得一个亲亲热热的小朋友，做个契兄契弟，可以常久相处，也免得今日的寂寞。②

所谓"契兄契弟"，即指"男色"。③ 这段话虽是小说家言，却能反映出当时一些少年书生的看法。少年士人随着年岁渐长，"知

---

① 内阁刑科题本，道光二十六年六月初六日，02-01-07-3402-002。
② 天然痴叟：《石点头》（下），上海古籍出版社，1994，第 935 页。
③ 沈德符：《万历野获编》，第 902 页，"闽人酷重男色，无论贵贱妍媸，各以其类相结。长者为契兄，少者为契弟"。

好色则慕少艾"。① 在其尚未娶妻之时，既与同龄女子接触不易，亦不能偷妇人，因为极损阴德；更不能"阚小娘"，因为往来不便且难知趣味。这种情况下的最佳选择，似乎就是在同学中寻找一位"年貌相若"的朋友，长久相处。既解决欲望，又不伤天理，两全其美。

与之类似，19 世纪后期的英国公学中也广泛存在学生之间的同性关系。在公学中就读的是英国社会上层家庭中的 10~18 岁青少年，他们每年的大部分时间共同生活在一个纯粹是男性的环境中。虽然在假期有机会结识异性，但他们并不总能把握。而且，在公学的严格教养下，他们不仅歧视女性，更对女性所知甚少。因此，在这样一个性觉醒的年纪，"浪漫的和情爱的友谊在学校内部发展并不让人吃惊"。其结果就是，"英国公学通常认为同性恋是正常的，不同时期的学生可能会认为表现同性恋关系是最时髦的"。②

综上，同学之间的同性关系或可看作双方在暂时无法通过正当的方式与异性发生性关系的情况下，所做出的借由同性来纾解欲望的另一种选择。

第三节　隐居型

隐居型同性关系指隐匿于社会主流伦理秩序之外，且大多不被外人所发现的同性关系。这种同性关系一般持续时间较久，在刑科

---

① 杨伯峻译注《孟子译注》，中华书局，1960，第 206~207 页。
② 弗洛朗斯·塔玛涅：《欧洲同性恋史》，第 135~136 页。

题本中主要表现为僧道等出家人之间的同性关系。

如发生于嘉庆年间四川彭泽县的案件，僧人泷会年49岁，自幼在县内仙姑庙披剃为僧，后来掌管庙内财产。僧人普照年29岁，自幼在县内东福胜庙披剃为僧，拜同庙僧人体元为师。泷会说：

> 嘉庆八年九月内，僧人因与东福胜庙僧体元交好，走去探望。经体元留住，与他徒弟普照同床歇宿。僧人就向普照调戏鸡奸，以后遇便奸宿。体元并不知情。二十一年二月内，普照因不守清规，被体元逐出，投拜僧人为师。与僧人同房各床住歇，时常奸宿。泷波先不知道。十二月十七夜，普照在僧人床上奸宿。次早僧人赴院出恭，回房忘记关好房门，一同睡熟。被泷波进房看见，不依，说要告知施主驱逐。僧人畏惧，情愿把庙内财产交他掌管，求免声张。二十六日，泷波因僧人未把庙产交割，挟制吵闹，经工人胡栋槐劝散。僧人恐庙产被夺，起意把泷波致死。当向普照商允。①

案中两名僧人的同性关系持续了13年，前12年二僧分属两庙，最后一年二僧同在一庙，且年轻僧人拜年长僧人为师。从年长僧人口供中可以推测，如果他师徒二人的同性关系未被旁人发现，很有可能会维持下去。

道士也是如此。如发生在嘉庆年间湖北谷城县的案件，案中的

---

① 内阁刑科题本，嘉庆二十二年十二月十九日，02-01-07-2669-011。

道士师徒是 33 岁的游方王教双和 18 岁的张保。张保父亲已故，母亲改嫁，自己卖饼度日。他说：

> 嘉庆八年六月，小的染患热病，遇着这道人王教双，住在娘娘庙内，行医卖药，小的请他医好了病。王教双叫小的跟他背包，照看衣食。跟了几日，王教双与小的调戏成奸，以后扮作师徒，各处游方奸宿，不记次数。①

案中道人治好少年热病，又照看他衣食，之后以此为条件换取少年自愿与之发生性关系，并以道士身份和师徒关系作为掩护，持续数年。

那么，僧道之间为何会发生同性关系？其原因大致如下。

第一，儒家传统伦理道德对男风的抨击无法约束方外之人。明清时期社会上广泛流传的劝善遏淫书大多从男性尊严、夫妇感情、家庭关系、天理刑律、身体健康和繁衍后代等方面抨击男风（见本书绪论），所针对的是传统社会中的基层单位即家庭中的"丈夫"和"父亲"的角色，因为他们是儒家伦理道德秩序的支持者和守护者，是社会稳定的支柱。而作为出家人，僧道显然游离于上述规劝的受众群体之外，能够对僧道产生影响的或许只是刑律和健康两点。而部分寺庙远离人群的地理位置与清修的生活方式，又让这两点威胁显得微不足道。

第二，僧人皈依的原因各异，修行程度各异，因此对于自身欲望的控制程度亦各异。清初文人尤侗对当时僧人的出家原因进行如

下分析："今日僧尼，几半天下，然度其初心，愿不及此。其高者惑于福慧之说，下者为饥寒所驱迫，不得已而出此。或幼小无知，父母强而使之，及其中道而悔，无可如何者多矣。"尤侗认为，天下僧人虽多，但皈依原因不都是一心向佛：或为行善积德，或为逃避现实，或为饥寒所迫，或为父母强迫，故很多僧人半途而悔。

尤侗接着说："夫饮食男女，人之大欲存焉。今使舍酒肉之甘，而就蔬水之苦。弃室家之好，而同鳏寡之哀，此事之不近人情者。至于怨旷无聊，窃行非法，转陷溺于淫杀盗之中，不已晚乎？"①

当这些初心各异的僧人在面对食色之欲时，其反应也就可想而知了。虽然尤侗对佛教的态度大体是抑制其发展，但其对僧人的看法亦能代表当时部分社会舆论。如清中期一部小说所言："今之和尚，那个想修身修行？一入禅林，便引作浮荡子弟，唱《后庭花》矣。"② 可见，一些初心不纯的僧人不戒淫邪，加强了社会上本就存在的对僧人的负面看法，二者互相影响，又互为因果。

第三，寺庙的单一性别环境为僧人之间发生同性关系提供了便利。对于上述那些视出家为生计而非修行的无行僧人而言，他们自然不会刻意压抑欲望，而会寻找机会发泄。明末小说《初刻拍案惊奇》这样说道：

> 你道这些僧家，受用了十方施主的东西，不忧吃，不忧穿，收拾了干净房室，精致被窝，眠在床里，没事得做，只想

---

① 尤侗：《艮斋杂说续说看鉴偶评》，中华书局，1992，第77~78页。
② 里人何求：《闽都别记》（中），福建人民出版社，1987，第538页。

得是这件事体。虽然有个把行童解馋，俗语道："吃杀馒头当不得饭。"亦且这些妇女们偏要在寺里来烧香拜佛，时常在他们眼前晃来晃去。看见了美貌的，叫他静夜里怎么不想？所以千方百计，弄出那奸淫事体来。①

无行僧人泄欲之道不拘男女，然而女性毕竟难得，于是同寺僧人就成了首选。

综上，由于僧道在地理上与心理上均远离儒家传统伦理道德所规范的主流社会，加之部分僧人无视戒律、不守清规、纵欲妄为，寺庙中不乏僧人之间的同性关系。同时，寺庙生活相对隔绝，使得这类同性关系得以在较少关注的情况下，较为长久地存在。

小　结

通过上述对清代男性之间的偶然型、同伴型与隐居型这三种同性关系的分析，不仅可以发现清代乡村社会中男性之间同性关系的种种表现，还可以让另一个问题浮现出来：清代男风在乡村社会中是如何传播的？

首先是地域上的横向传播，主要是城镇对乡村的辐射作用。明清时期各地的男风现象屡见不鲜，② 京师地区更是典型。③ 随着人

---

① 凌濛初：《初刻拍案惊奇》，上海古籍出版社，1992，第282页。

② 如谢肇淛写道："今天下言男色者，动以闽、广为口实，然从吴越至燕云，未有不知此好者也。"谢肇淛：《五杂俎》，第209页。李渔也记载："男风一事，不知起于何代，创自何人，延流至今，竟与天造地设的男女一道争锋比胜起来……此风各处俱尚。"《无声戏》，《李渔全集》第8卷，第107~108页。

③ 徐珂编《清稗类钞》第11册，第5094页，"光绪中叶，士大夫好此者尤盛"。

口流动，这些风气自然可能蔓延至乡村。此外，从前文所举诸例可知，财物是男风在乡村间传播的重要媒介。同时，一夜风流的偶然型同性关系也揭示了乡村社会中不涉财物的男风现象的存在及传播模式。

其次是时间上的纵向传播，主要是成年男性对年轻男性的诱奸，如邻里之间的偶然型同性关系。虽然大部分被奸男性在事后都表现出愤怒与羞耻，但从心理学角度出发，也不能排除一些男性长大之后的欲望对象变为同性，甚至延续这种伤痛。又如被师傅或雇主引入一段同性关系中的年轻的徒弟和佣工，当他们成为师傅或雇主的时候，也有可能将这种同性关系延续下去。

再次是规劝的反作用。前文所引的明清社会中广泛流行的各类压抑男风的劝善遏淫的规劝，可能反而会让那些原本并不知道"男风"为何物的男性了解到发泄欲望的另一种方式。在这里，儒家伦理道德对男风的抑制性权力，制造并传播了它想要压抑的关于男风的知识。广泛传播的关于"戒男色"的话语，其实也是在广泛讨论甚至普及"男色"。① 因此，越是热烈的宣传"戒男色"，客观上也越是会促使"男色"广为人知。

最后是本能的作用。在笔者所查阅的包含鸡奸情节的刑科题本中，几乎所有案件中的主动者的内心都存在对同性的欲望。其持续时间或长或短，或者与对异性的欲望共存，或借着酒醉、四

① 福柯指出："这是不是要排斥这些成千上万的反常性经验呢？不是，而是要对每一个反常性经验进行详尽的说明和局部的巩固。这就是要在播撒这些反常性经验的同时，在现实中布满它们，并且把它们纳入个体之中。"米歇尔·福柯：《性经验史》，第29页。

下无人才表现出来，但这种对同性欲望的存在是确定无疑的。

于是，在上述或外在或内在、或正向或逆向的各种因素的共同作用下，男风在清代乡村社会中得以传播。这既是对异性之间关系与欲望的补充，又是中国社会内部绵延千余年的同性关系传统在清代社会中的体现。

第七章　关系的结束

同性关系经历了建立和维持，也会走向结束。本章主要分析同性关系结束的各种原因。

主动者与被动者所形成的一段同性关系会由于种种原因而结束。案情显示，一段同性关系的结束几乎均由被动者提出。关系结束的原因可以分为以下几种。第一，财物纷争，指由于主动者给被动者的财物减少，许诺给被动者的财物并未给出或主动者不愿借钱给被动者，被动者不愿借钱给主动者等原因，被动者终止双方的同性关系，结果是双方争执、被动者离开或另找他人等。第二，相处不合，指由于主动者对被动者不好、打骂或刻薄、禁止其离开等原因，被动者离开主动者或另找他人。第三，关系曝光，指由于双方的同性关系被外人看破，被动者拒绝与主动者继续保持同性关系。第四，他人介入，指由于第三者介入主动者与被动者之间的同性关系，被动者离开第一个主动者，或两个主动者之间发生争执等。第五，知耻拒绝，指被动者因为自己年长、娶妻、怕外人知道，而拒绝与主动者继续保持同性关系。

需要说明的是，由于本章讨论的是刑科题本这类材料中的男性同性关系的结束，所以均表现为暴力的形式。但这并不意味着在清代社会中，所有同性关系的结束均是如此。相反，从下文的论述中，可以推测出在清代社会中，同性关系的结束实际上有可能存在着和平的方式。

第一节　财物纷争

财物纷争指主动者与被动者由于发生财物纷争而结束双方同性关系。财物纷争的原因包括主动者所许的钱物并未给出，被动者嫌主动者给钱减少或没钱继续资助，被动者拒绝借钱给主动者，被动者不愿还钱给主动者，主动者不愿借钱给被动者，主动者不愿给被动者做衣服，被动者私自拿取主动者的钱花用，等等。这些因"财物纷争"而导致的拒奸，恰恰与前文中因"财物利诱"而导致的和奸形成鲜明对比。

一　表现

被动者因嫌主动者没钱继续资助自己而结束双方同性关系，如发生在嘉庆十一年四月四川平武县的案件，主动者是 24 岁的佣工杜彪，被动者是 15 岁孤儿王庆娃。杜彪供称：

> 嘉庆十一年四月初六日，小的来案下寻工。初七日遇见王庆娃，问他又叫王老幺，年十五岁，是绵竹县人。他说父母都死，并没弟兄，单身在外寻工的话，各自走了。初八日晌午又遇着，王庆娃说他无处做工，又没盘费，托

小的替他找个门路。小的见他生的伶俐，叫他跟随小的，有得饭吃。王庆娃允从，并说还没吃早饭。小的叫王庆娃同到谢姓店内吃了一顿面，小的替他开了帐，走出面店。王庆娃说他身边没钱，小的又给王庆娃钱十文使用。因小的也是佣工度日，没有多余钱文，所以只给他钱十文。小的就约王庆娃晚上同店同宿，王庆娃允从。从那夜在谢姓店里楼上同铺歇宿，就与王庆娃调戏成奸。初九日，王庆娃仍同小的在外间要到午后，他又向小的要钱。小的因盘缠无多，又同他两人吃用，没有给他，王庆娃就不喜欢。初九日夜，仍在一处住宿。小的要同他续奸，他就不肯。小的恐怕楼下有人知道，各自睡了。到初十日早，小的醒来，王庆娃已走。小的起来，随下楼查问，店主说王庆娃出店去了。小的随在店内吃了些酒，连王庆娃店帐一并开清。走在大慈寺门前，撞见王庆娃。小的就把他叫在寺旁菜园僻静处，问他因何走散。王庆娃说，小的不给他钱用，还贪图小的什么。小的与他说了些好话，仍叫他同路，王庆娃不肯。小的见他薄情，向他要还面帐店费，并使用钱文。王庆娃口里混骂，一面就走。小的把他发辫抓住，要脱他衣服。王庆娃越发叫骂。①

　　本案被动者之所以答应与主动者发生同性关系，就是因为主动者管他吃用，并给他钱文。而当主动者没钱给他的时候，被动者就不肯与之和奸，并离开了主动者。

①　内阁刑科题本，嘉庆十二年十一月十一日，02-01-07-2334-007。

被动者因嫌主动者向自己借钱而结束双方同性关系，如发生于嘉庆五年六月江苏上海县的案件，主动者是40岁的单身皮匠王大朋，被动者是20岁的皮匠毛心宝。王大朋说：

> 嘉庆五年三月，小的寓居城里何德荣家。四月初五日，毛心宝随同赵陇得也来寓歇，与小的一屋居住，各自出外生理。小的见毛心宝年少，起意鸡奸，常与他顽笑。四月二十六日，赵陇得、何德荣出外，只剩毛心宝一人在寓。小的就向他哄诱成奸，以后遇便行奸，陆续给过钱三千余文。到六月里，小的因无生意，没钱用度，见毛心宝在外生理，趁有钱文，小的向他借用，他竟不肯，并把小的冷淡。六月二十四日中午时候，毛心宝独自躺卧铺上。小的又因乏用向借钱，毛心宝仍不应允。小的说："我趁的钱都给你花用了，今我没有生意，向你借钱，你就不肯，实在薄情。"把他斥责几句。毛心宝不依，就下铺站立，出言辱骂，并说与小的断绝的话。小的因日逐趁来的钱都花给他了，今向借钱，反被辱骂，还要与小的断绝，一时气忿，顺取自己担上皮刀向砍。毛心宝用手夺刀，致划伤他右手心。毛心宝就向扑打，说与小的拼命。小的愈加忿恨，起意杀死。①

本案被动者实际上是以奸换钱，而主动者则认为被动者除了付出自己的身体之外，还应该付出一定感情。因此，当主动

---

① 内阁刑科题本，嘉庆六年六月初九日，02-01-07-2153-004。

者没钱而向被动者借钱时，两人的反应才出现不符合对方预期的矛盾。

被动者因为主动者不借钱给自己而结束双方同性关系，如发生于嘉庆十一年六月广东澄海县的案件，主动者是蔡阿宣，被动者是林阿升，两人一向熟识，看守田园为生。蔡阿宣说：

> 嘉庆十年五月内，林阿升到小的寮内闲坐，小的见他年轻，起意哄诱鸡奸。林阿升应允，就在寮内奸过一次，给过林阿升铜钱一百文。后来乘便奸宿，记不得日子次数，小的每次给过他铜钱一二百文不等。他母亲林姚氏并不知情。十一年六月内，林阿升向小的借钱应用，小的没钱借给，林阿升就把小的拒绝，不合小的往来。小的屡向求奸，林阿升坚拒不从，并说要告知他母亲禀究。小的恨他薄情，又怕告究，忿恨不过，起意把他杀死泄忿。①

本案被动者将被奸换钱当作一种增加收入的方式，而当他向主动者借钱未果后，就认定双方以奸换钱的同性关系已经结束，因此拒绝主动者之后的求奸行为。

被动者因为主动者许诺给予的钱物始终未到而结束双方之间的同性关系，如发生于嘉庆年间江苏徐州府沛县的案件，主动者是42岁的张士沅，开饭店营生，被动者是18岁的马惠，是张士沅饭店的伙计。马惠说：

---

① 内阁刑科题本，嘉庆十二年六月十三日，02-01-07-2322-012。

十年六月里不记日子，张士沅许给钱文，哄被鸡奸。后又奸过几次，总没给钱。十一年六月十九日夜，张士沅又要行奸，小的不依。他又许布匹，约定次早付给。小的允从，与他奸宿。到二十日，布也没给。上午时候，张士沅酒醉，叫小的挑水，小的答应迟慢，张士沅混骂，小的回骂，他就拿鞋底打伤小的左肩胛，是他父亲张德劝住的。午后，小的拿刀到屋内切瓜，见张士沅在地上睡歇。小的触起被他屡次鸡奸应许钱布总不付给，还要打骂，实在忿恨，乘他睡着，蓄意把他致死。①

本案被动者由于主动者许给的钱文和布匹始终未到，还被主动者多次鸡奸和打骂，愤恨之下杀死主动者，从而结束双方之间的同性关系。由于本案主动者与被动者是雇佣关系，主动者也许认为双方的同性关系是雇佣关系的附属和延伸，他付给被动者的工钱不仅包含被动者的劳动力，还包含被动者的身体（即被动者对于主动者有人身依附关系），所以才会屡次鸡奸而不给钱物。

二 分析

经笔者统计，在 103 个因为"财物纷争"而导致双方同性关系终结的案件中，有 59 个案件的和奸原因正是被动者"贪图财物"，即这 59 个案件中的主、被动者双方的同性关系是"始于财物又终于财物"。

---

① 内阁刑科题本，嘉庆十二年八月十九日，02-01-07-2326-015。

笔者统计了这 103 个案件中双方同性关系的维持时间（或次数）。

一次至数次的有 46 对，占 44.66%。其中，1 次的有 24 对，占 23.3%，3 次以内（包括 1 次）的有 30 对，占 29.13%；

1 年以内的有 26 对，占 25.24%；

1 年及以上的有 31 对，占 30.1%。

可以看出，在因"财物纷争"而结束关系的案件中，双方关系的持续时间都比较短，即财色交换的意味较浓。

另外，在 59 个"始于财物终于财物"的案件中，主、被动者双方的同性关系的持续时间及次数有以下几种。

一次至数次的有 30 对，占 50.85%；其中，1 次的有 22 对，占 37.29%；

1 年以内的有 15 对，占 25.42%；

1 年及以上的有 14 对，占 23.73%。

可以看出，在这类案件中，一半多的主被动者是发生几次同性关系就终结。显然，持续时间越短，财色交换的意味越浓。

在上述 103 个案件中，有 74 个主动者有职业信息，其中，劳工类包括务农、做工、工匠、卖艺等，有 37 人，占 50%；经商类包括业主和小贩，有 21 人，占 28.38%；无业类包括乞丐等，共有 11 人，占 14.86%。其余为 1 名捕役和 4 名僧道，占 6.76%。有 84 个被动者有职业信息，劳工类有 56 人，占 66.67%；经商类有 7 人，占 8.33%；无业类有 19 人，约占 22.62%。其余为 2 名僧道，占 2.34%。具体如表 7-1 所示。

表 7-1 "财物纷争" 双方职业分布对比

单位：人，%

职业类型	主动者的人数与所占比重	被动者的人数与所占比重
经商类	21—28.38	7—8.33
劳工类	37—50.00	56—66.67
无业类	11—14.86	19—22.62

通过表 7-1 可分析出以下结论。

第一，主动者中收入较高的经商者的比重虽然接近三成，但均无法继续资助被动者。这些主动者要么是后来没有生意做，导致收入减少，无法继续资助被动者，甚至向被动者开口要钱；[1] 要么是后来对被动者比较吝啬，给钱很少；[2] 要么是答应了给被动者钱物，却迟迟不肯兑现。[3]

第二，有近九成的被动者是收入较低甚至无收入者。故此类被动者的生活都极其穷困，急需稳定的物质保障。

第三，结合前两点可知，在此类案件中，六成多的主动者无法提供稳定的物质保障，而近九成的被动者却急需稳定的物质保障。所以，结果显而易见——被动者因为财物原因而离开主动者，结束双方同性关系。

综上，在主、被动者双方因为 "财物纷争" 而结束同性关系的案件中，由于大多数主动者后来生活贫困，无法为生活更为贫困的被动者提供稳定的物质保障，最终双方关系结束。换句话说，此类案件中的主、被动者双方对于彼此之间的同性关

---

[1] 内阁刑科题本，嘉庆六年六月初九日，02-01-07-2153-004。

[2] 内阁刑科题本，嘉庆二十三年十一月十四日，02-01-07-2703-003。

[3] 内阁刑科题本，光绪十一年十一月十一日，02-01-07-4122-027。

系的看法存在差异：被动者最初面对主动者的求奸大多是"贪利允从"，因此只有持续从主动者那里获得物质保障，被动者才会继续与之保持同性关系，即被动者将双方同性关系视为以奸换钱；而主动者则认为双方之间存在金钱之外的感情纽带，因此当他们发现被动者由于钱物减少而要离开的时候，会斥责对方"薄情"、"无情"或"没有良心"。简言之，这类同性关系基本等同于"财色交换"：主动者出钱，被动者献身。有道是"夫妻本是同林鸟，大难临头各自飞"，连有法律与道德约束的夫妻尚且如此，更别提联系纽带更为薄弱的同性了。

第二节　相处不合

相处不合指主、被动者双方在其同性关系中，由于彼此的行为、言语等发生矛盾，双方关系结束。在全部 467 个和奸类案件中，因这种原因结束的案件有 43 个，占 9.21%。具体情况有下面几种：被动者嫌主动者相待刻薄，主动者不允许被动者回家探望，二人因琐事争吵，被动者因为嫌主动者酒醉而不愿与之续奸，被动者因为生病不愿与主动者续奸，被动者因为主动者时常打骂，等等。

一　表现

被动者选择结束双方同性关系的原因，如下列案例所示。

如发生在嘉庆十年湖北南漳县的案件，主动者是 47 岁的彭应才，"受雇在蓝洪楚戏班抬箱打杂"，被动者是 22 岁的单身乞丐曾幅。曾幅说：

> 嘉庆六年二月内，继父因小的不听管教，赶逐出外，就在各处讨吃度日。十年二月尽间，走到襄阳地方，会遇彭应才，向问来历，小的备细告知。彭应才见小的无依，留在蓝洪楚戏班内帮他抬箱，晚上同铺睡歇，随被彭应才鸡奸，后又被奸多次。小的在班内带买糕糖食物，积钱一千四百文，都交彭应才代收。十月初七日，戏班来到南漳，先在香山寺唱戏。初十日，城里有人叫戏。蓝洪楚因图省便，只把行头打包同众人进城，空箱留在寺内叫彭应才看守，小的也随同在寺。十二日，小的出外，闻知继父已死，心想回家看望母亲。晚上回寺，告知彭应才，叫把代收钱文还给，明早就好起身。彭应才说，钱已是他用去，并说小的讨吃，经他收留，就同卖身一般，不许回去。小的不依争论，彭应才举拳向打。小的顺拾小木棒，戳伤他左耳根。彭应才夺过木棒，扭住小的乱打。小的畏凶求饶，彭应才方才住手，复把小的大骂一顿，随先到铺上睡了。小的因被彭应才鸡奸，侵用钱文，反把小的比作卖身的人，逞强打骂，心里气不过，起意杀死泄忿。①

本案被动者因为主动者既"侵用钱文"，又把他"比作卖身的人"，不许他回家探望母亲，还"逞强打骂"，才在忍无可忍之下杀死主动者，结束双方的同性关系。

---

① 内阁刑科题本，嘉庆十二年正月二十日，02-01-07-2308-002。

又如发生在嘉庆十一年山西大同府怀仁县的案件，主动者是 41 岁的煤铺主张玉，被动者是 27 岁的佣工张有贵。张有贵说：

> 嘉庆十一年九月里，小的来案下银堂沟佣工，常到张玉煤店闲游。二十一日，张玉留小的在店相帮，晚上同炕睡宿。张玉向小的调戏鸡奸，许管小的吃穿，小的依允。后来时常奸宿，不记次数，并没得过银钱。十二月二十九日起更后，张玉喝醉了酒，因小的没有烧炕，向小的混骂。小的生气，说要往别处去了，开门跑走。[①]

本案中的主动者只是因为被动者"没有烧炕"就向其混骂，被动者一气之下离开了主动者。

又如发生在嘉庆年间贵州怀仁厅的案件，主动者是 31 岁的窃贼周三，被动者是 24 岁的杨三。杨三说：

> 小的与已死周三同街居住，素来认识。小的不听父亲管教，常同周三在外游荡。嘉庆十三年就跟他过活，从不回家。周三常在乡场剪窃众人货物变卖度日。十四年三月，周三向小的哄诱鸡奸，以后常与奸宿，小的吃用衣服都是周三供给。十七年五月内，因周三两胯生了疮毒，小的下身也被传染生疮，不能与他行奸，周三就常把小的打骂。小的屡次走往别处避他，周三总想续奸，将小的缠住，不能脱身，只得仍旧跟他同

---

① 内阁刑科题本，嘉庆十二年十一月十八日，02-01-07-2335-007。

在一处。十一月内，小的同周三在中硬山树林边岩洞内住歇。十三日，周三要与小的续奸，小的因疮未痊愈，不肯依从。周三又要殴打，并说小的穿的衣裤都是他给的，逼令小的脱还。小的因被周三屡次欺凌，心里气忿不过，起意把他杀死泄忿。①

本案被动者因为被主动者传染而下身生疮，不能与主动者发生性行为，但主动者非要强迫被动者与其发生性行为，强迫无果就时常打骂被动者。被动者无法脱身，最终因被主动者"屡次欺凌，心里气忿不过"，而杀了主动者。

又如发生在嘉庆二十一年陕西兴平县的事，主动者是53岁的装卖水烟的宋幅全，被动者是21岁的乞丐何寅娃子。何寅娃子说：

小的父故母嫁，没有兄弟妻子，讨吃度日。嘉庆十五年三月间，小的来案下讨吃，撞遇装卖水烟的宋幅全。他叫小的跟他装烟，管顾衣食。小的允从，跟他各处游荡。到二十一年上，被宋幅全哄诱小的鸡奸。以后遇便行奸，不记次数。后来宋幅全因小的在外装烟挣的钱少，时常打骂。小的生气走避，在各处装卖水烟，再没与宋幅全见面。②

---

① 内阁刑科题本，嘉庆十八年十月十二日，02-01-07-2514-001。
② 内阁刑科题本，道光三年九月二十三日，02-01-07-2840-007。

本案的主动者因为被动者挣钱少而"时常打骂"对方，导致被动者一气之下离开主动者。

综上，在主、被动者双方因为"相处不合"而结束彼此同性关系的案件中，既有"没有烧炕"或"开门稍迟"之类的生活琐事，也有时常打骂这种暴力行为，充分体现了双方关系发展的无常。

二　分析

首先是双方的关系。在 43 个案件中，主、被动者双方是"邻居"的有 9 对，占 20.93%；"偶遇"的有 5 对，占 11.63%；"师徒"的有 2 对，占 4.65%；"同工"的有 14 对，占 32.56%；"雇佣"的有 13 对，占 30.23%。

如果将上述种种关系按照是否有人身依附来划分的话，可以将"师徒"和"雇佣"划为有人身依附关系的一类，而将其他几种关系划为另一类。那么，两者的比例约为 1∶2，即在这 43 个案件中，约三分之二的主、被动者双方是没有人身依附关系的，即双方地位相对平等。那么或可理解为，这种平等的地位是被动者对主动者的依靠较少，而自主性较强。因此，一旦双方发生矛盾，被动者可以选择断然离开，而非委曲求全。

然后是双方的职业。

先看主动者的职业。在这 43 个案件中，有 42 个案件的主动者有职业信息，具体分为以下几类。

务农类：1 人，庄农。

做工类：18 人，如"帮削碗脚""卖工""铺伙""雇工""戏班打杂""佣工""帮工""长随""做工"等。

业主类：7人，如"地主""开吃食铺""开饭店""开煤铺""开面铺""开剃头铺""开烟酒铺"等。

小贩类：8人，如"贩卖牲口""卖菜""卖烟""小本买卖""小贸""装卖水烟"等。

乞丐类：4人。

无业类：4人，包括"窃贼"和"无业"。

其中，"经商类"有"业主"和"小贩"，共15人，占35.71%；"劳工类"有"务农"和"做工"，有19人，占45.24%；"无业类"有"乞丐"和"无业"，有8人，占19.05%。

再看被动者的职业。在这43个案件中，43个被动者都有职业信息，具体分为以下几类。

做工类：23人，如"帮工""佣工""铺伙""雇工""仆人"等。

工匠类：3人，如"剃头"和"首饰匠"。

小贩类：5人，如"卖菜""批货""装卖水烟"等。

卖艺类：1人，"唱戏"。

乞丐类：4人。

无业类：7人，如"无业"和"窃贼"。

其中，"经商类"有"小贩"，有5人，占11.63%；"劳工类"有"做工"、"工匠"和"卖艺"，有27人，占62.79%；"无业类"有"乞丐"和"无业"，有11人，占25.58%。

于是，将上述主、被动者双方的三类职业——劳工类、经商类和无业类——的人数及其所占各自群体的比重进行对比，可得表7-2。

表 7-2　"相处不合"双方职业分布对比

单位：人，%

职业类型	主动者人数及其占比	被动者人数及其占比
经商类	15—35.71	5—11.63
劳工类	19—45.24	27—62.79
无业类	8—19.05	11—25.58

通过表 7-2 可以看出，在 43 个因双方"相处不合"而结束的同性关系中，主动者群体中低收入甚至无收入者的比重将近六成半，而被动者群体中低收入甚至无收入者的比重将近九成，可以看出两个群体中的穷人都很多。可见，双方的社会地位较为接近，也较为平等。那么被动者对主动者的依赖性较小，因此也更加易于分离。

第三节　关系曝光

关系曝光指主、被动者双方因为彼此之间的同性关系被旁人发现而结束。这里的旁人包括双方的邻居或家人等。双方的同性关系在曝光之后，可分为以下几类：被动者因为羞耻而单方面终止与主动者的关系，被动者的家人禁止其再与主动者发生性关系，主、被动者双方与旁人发生争执，主动者被官府抓获，以及被动者自杀等状况。这类案件有 128 个，在全部 467 个和奸类案件中的比重为 27.41%，即近三成的关系是因为被旁人发现而结束。

一　分类

由于主、被动者双方"关系曝光"之后的反应不同，其同性关系终结的方式主要又可分为两类：自发终止和被迫终止。

所谓自发终止，是指双方同性关系曝光后，被动者单方面自发终止了其与主动者之间的关系。具体包括被动者在关系曝光后拒绝主动者，以及被动者自杀等情况，其主要原因是被动者感受到羞耻。这种情况所体现的是，被动者在其与主动者的同性关系曝光后，转而否定这段关系。

所谓被迫终止，是指双方关系曝光后，主动者、被动者或旁人三方中至少有一方死亡或被官府抓获，其同性关系被迫终止。具体又可分为三种情况：主动者因关系曝光后被抓获，双方因关系曝光而自尽，以及主、被动者双方因关系曝光后与旁人争执，导致一方死亡。

此外，在"关系曝光"而导致关系终结的案件中，有 20 个案件中的被动者是幼童，故无法看出被动者对于其与主动者同性关系的态度。

值得注意的是，下文提到的知耻拒绝与本节所讨论的关系曝光的差别在于：知耻拒绝是被动者由于自身社会化程度加深，而逐渐认同并践行儒家伦理道德，随后自发自觉地认为同性关系是耻辱，进而主动终止双方的同性关系；而关系曝光则是由于双方私下的同性关系被曝光后，受到社会舆论的道德谴责压力，而被迫终止同性关系。简言之，知耻拒绝是自发的结束，而关系曝光是被迫的结束。

二　表现

笔者发现，在双方"关系曝光"后，被动者有三种不同的反应：一是立即拒绝主动者，二是依然我行我素，三是与主动者一同寻死。以下分别举例说明。

反应一，如发生在道光十五年四川仁寿县的案件。主动者是32岁的已婚男子管泳太，被动者是18岁的王润。王润说：

> 道光十五年三月初间，小的借用管泳太钱一千三百文。十三日，小的到管泳太家闲耍，他妻子管王氏没有在家。管泳太叫小的与他鸡奸，借的钱文不要给还。小的依允，就与管泳太鸡奸。后又奸过一次。二十七日，管泳太来家看望。那时母亲探亲外出。管泳太就叫小的与他在灶房后续奸，邻人走来点火撞见，管泳太各自走了。邻人去告知王代照，来把小的斥骂。随后母亲回家，问明情由，叫同王代照，把小的责打。小的求饶，立誓悔过拒绝。以后就没与管泳太来往。①

本案中，被动者的母亲得知其子与主动者之间的同性关系之后，"责打"他，而他也"立誓悔过拒绝"，从此断绝与主动者之间的关系。

反应二，如发生在嘉庆年间河南光州光山县的案件。主动者是两个亲兄弟，35岁的老二耿忠良和33岁的老三耿忠秀，被动

---

①　内阁刑科题本，道光十六年三月二十九日，02-01-07-3172-009。

者是 25 岁的刘汉川。耿氏兄弟还有一个大哥，42 岁的耿忠谟。耿忠谟说：

> 小的合刘汉川邻庄认识，并没嫌隙。嘉庆五年冬间，只见刘汉川常合兄弟们在一处顽笑，不成样子。兄弟们又从此不和，时常吵嘴。小的疑有不端，就向究问。兄弟们都把合刘汉川通奸的话说出。小的禁止，不许往来。六年正月十一日，兄弟们又因刘汉川争吵起来。小的喝劝不理，就去告诉刘汉川的父亲刘章，叫他管教儿子，随即回家。到傍晚时候，小的在门首坐着，见刘汉川气忿走去，反说小的播弄是非，要合小的不依。小的站起分辩，他就把小的胸前衣服揪住，打了小的脸上一下。小的挣不脱身，一时情急，举起右膝盖向上一抵，想他放手。不料，抵伤他肾囊，跌倒地上。当有叶之茂走去，把他扶回。那知刘汉川伤重，当夜死了。

而被动者刘汉川的父亲刘章，知道"因他儿子下贱不堪，致耿忠良们弟兄不和"。可是，刘汉川的反应却是"管教不听"。①

在本案中，兄弟二人均因为被动者年轻而先后与之和奸，而被动者似乎也很享受同时与兄弟二人保持同性关系。但当两兄弟的大哥不准他们再见面后，被动者反而说对方播弄是非，进而与之发生肢体冲突。

可以看出：第一，主动者对被动者一般具有独占欲，而如果有两个主动者同时与一个被动者发生关系，那么主动者之间一般

---

① 内阁刑科题本，嘉庆七年二月十二日，02-01-07-2173-004。

会发生争执，即便是亲兄弟也会阋墙；第二，被动者有时会同时接受两个主动者，与他们均保持和奸关系，甚至会通过让两个主动者知道竞争对手的存在而获得更多的关注；第三，当主、被动者的和奸关系被外人发现后，被动者有时候会为了维护其关系而攻击外人。

反应三，仅见一例，即发生在嘉庆七年四川重庆府荣昌县的案件。主动者是 28 岁的单身匠人黄光辉，被动者是 15 岁的欧观受，他"父母俱故"，与叔子欧阳章一起生活。黄光辉说：

> 小的与死的欧观受素来认识，并没仇隙。小的见他年轻，想要奸他，常给钱文与他使用。嘉庆六年三月间记不得日子，欧观受到小的家闲耍，小的与他鸡奸，以后遇便行奸，记不得次数。他叔子欧阳章并不知道。七年四月十八日早，小的给欧观受钱三百文，到他房内鸡奸。不料被欧阳章撞见，斥骂起来，要把小的送官。小的当就逃走。过后欧观受来说奸情破露，没脸做人，欲往别处躲避，又没盘费，不如寻死。小的因与欧观受情密，又怕他叔子送官受罪，才与欧观受商量，情愿同死。同到太平池边，一齐跳入池内。小的当被刘光捞起救活，欧观受已淹死了。

后来经官府测量，"勘得太平池一口，量长三丈，宽一丈二尺，水深八九尺不等"。①

在本案中，主动者因为被动者年轻而向其求奸，随后通过

---

① 　内阁刑科题本，嘉庆八年三月十九日，02-01-07-2208-004。

经常给被动者钱文逐渐加深二人的感情，直至发生关系。一年之后，二人的关系被被动者的叔子发现，叔子声言要把主动者送官，主动者立即逃走。随后，被动者对主动者说，他二人关系被叔子知道了，他自觉没脸做人，想逃到其他地方躲避，又没有盘缠。思来想去，不如寻死。而主动者因为与被动者"情密"，又怕被动者的叔子送官受罪，于是情愿与被动者一同赴死。在二人跳水之后，主动者被旁人救起，而被动者则淹死了。

本案的特点在于，当主、被动者双方的同性关系被被动者的家人发现后，二人竟然决定一同赴死。用主动者的话说就是因为"情密"，"情愿同死"。因此，本案的意义就在于，其为清代乡村社会中的男性同性关系，提供了一种除"财色交换"之外的可能性或者发展方向，即基于情投意合而形成的同性关系。

第四节　他人介入

他人介入指第三者介入主动者与被动者之间的同性关系，这个人要么通过与原先二者中的一方发生同性关系的方式，终结了原先二者的关系，要么意欲与被动者发生关系而被拒，冲击了原先二者的关系。

值得注意的是，第三者的角色大多是另一个主动者。但是有些第三者与被动者发生同性关系时，未必知道被动者过去的经历，即第三者不一定是主动介入原先二者的关系中的，案件中也确实存在很多被动介入的第三者。

"他人介入"导致一段同性关系终结的案件有 102 个，占全部

467 个和奸类案件的 21.84%，即两成多。这 102 个案件，根据被动者在他人介入之后的不同态度，主要可以分为三种情况：被动者两不相偏，被动者偏向第三者，以及被动者偏向主动者。

一　被动者两不相偏

此类情况指，被动者先后与主动者和第三者发生同性关系，当主动者和第三者察觉到对方存在的时候，发生争执，导致一方死亡。这类案件中的主要矛盾，是主动者和第三者为了争夺被动者而产生的矛盾。

如发生于道光年间四川邻水县的案件，主动者是 30 来岁的僧人真位，被动者是 18 岁的僧人了辉，第三者是 21 岁的僧人悟来。僧人了辉说：

> 小的向在三台寺出家，拜僧人海元为师，海元已经病故。道光九年十月内，有夏家庵僧人真位在寺挂单，常请小的吃酒，与小的合同鸡奸。同寺僧人并僧人悟来都不知道。悟来向与小的同房歇宿。十年八月间不记日期，悟来许给小的钱文，要与小的鸡奸。小的应允成奸，后非一次。悟来陆续送给小的钱文，也没确数。十一年六月二十日，真位来寺闲耍。吃完晚饭，天色已黑，僧人了惠就留他在寺里住宿。起更后，悟来到各佛堂烧香去了。真位要与小的续奸，小的应允，就在床上鸡奸。不料被悟来回房撞见，向小的们斥骂。真位起身回骂，两下争闹，打起架来。真位就取桌上裁纸小刀，被悟来夺刀过手，戳伤倒地。小的赶拢，把悟来衣襟抓住，喊叫杀人。悟来又用刀把小的右乳戳伤，小的放手。悟来跑出

门外，被僧人们拿住，问明情由。到二十一日早饭后，真位
因伤死了。①

本案中的主动者、被动者以及第三者都是僧人，但案情却
并没有因他们的僧人身份而表现出任何的特殊性。本案中僧人
们的情绪，跟身份为佣工、乞丐、商人等案件中的情况是一样
的。本案的被动者在与主动者发生同性关系后，又因为贪图第
三者的钱文，也与之发生了同性关系，而且主动者并不知道此
事。当被动者再次与主动者续奸时，被第三者撞破，遂引发
争执。

本案是"被动者两不相偏"类型的代表案件，其特点是被
动者并未因为先与主动者发生同性关系并受其财物照顾，就断
绝自己其他的关系，相反，他不会拒绝其他有利于自己的机会。
这种情况下的被动者，并没有表现出对某一个特定主动者的偏
向，而是体现出一种没有归属感的容易被诱惑的形象。因此，
主动者与第三者才会为了争夺对被动者的所有权而大打出手。
简言之，此类案件中的被动者同样只是将以奸换钱作为一种增
加收入的方式。只要对方给钱，他不在乎跟谁或者跟多少人发
生性关系。

二 被动者偏向第三者

此类情况指被动者因为种种原因离开主动者，而选择与第三者
在一起。被动者离开主动者而选择第三者的原因有以下几种：第三

---

① 内阁刑科题本，道光十二年闰九月十三日，02-01-07-3072-007。

者诱劝被动者离开主动者，第三者比主动者给钱多，主动者打骂被动者，被动者与主动者分手之后才与第三者在一起，被动者与第三者发生同性关系之后而离开主动者等。

如发生于道光年间陕西渭南县的案件，主动者是 38 岁的回民禹春德，他已婚有子；被动者是 22 岁的马成娃子；第三者是 40 岁的孙太，他卖杂货布匹为生。马成娃子说：

> 道光三年不记月日，禹春德向小的调戏鸡奸，不记次数，给过小的钱文，也不记数目。四年五月里，小的村内有孙太赶会，卖杂货布匹。小的借使孙太钱文，也合孙太奸好，遇便鸡奸，不记次数。孙太常给小的钱文，没有数目。六月里，孙太因想与小的长久鸡奸，叫小的随他赶会卖布，同宿鸡奸。每月工价钱三百文，额外时常帮助小的。因此再没与禹春德鸡奸。五年七月十二日，小的合孙太在史家村赶会卖布。上午，禹春德酒醉走来，叫小的跟他去喝茶，小的不肯。禹春德骂说，小的从前与他鸡奸，使过他钱文，如今有了孙太就不要他了，偏要小的到他家去续奸的话。小的叫骂。禹春德扑向小的殴打。小的见他凶横，跑避，禹春德追赶。小的回顾，见孙太把禹春德拉住。禹春德骂孙太多事，孙太回骂，彼此揪扭。①

本案的被动者跟主动者的同性关系持续不到一年，就因为第三者的介入而终止。随后，被动者与第三者开始了他们的同

---

① 内阁刑科题本，道光六年九月初八日，02-01-07-2918-012。

性关系，并持续了一年多。最后主动者必然是心里不甘，故而向被动者叫骂，被第三者和被动者一起杀死。本案基本上涵盖了"被动者偏向第三者"情况的几个要素：被动者先和主动者发生同性关系；后来遇见第三者，几番交流之后，被动者离开主动者，随第三者一起生活；主动者挟恨寻事，最终导致有人被杀。

本案中被动者向第三者"借使钱文"后也与其"奸好"的情节，在其他案件中也有体现。这个情节似乎可以说明，对于有些被动者而言，借钱不还似乎就是在暗示对方自己可以以奸抵欠。那么，面对这种情况的主动者会误认为自己是借故挟制，但殊不知这只是被动者以奸换钱的谋生方式。

在这类案件中，被动者体现了一定的自主性，及在对象选择方面的自由。不管他是根据什么理由选择了第三者，至少对当时的他来说，他做出了有利于自己的选择。

三　被动者偏向主动者

此类情况指被动者经历了第三者的介入后，仍然选择与主动者在一起。具体包括以下几种情况：被动者先后与主动者和第三者发生同性关系，之后仍然选择了主动者；第三者利诱被动者与之发生同性关系后，并未给出所许钱物，致被主、被动者双方所杀；第三者意欲与被动者发生同性关系而被拒绝。

值得注意的是，这类案件中比重较大的类型是第三者意欲与被动者发生同性关系而被拒绝。其特殊意义在于体现了被动者个人主观意愿，尤其是他在选择同性对象方面的意愿。

先看一个特殊的"他人介入"案例。本案发生于嘉庆二十一年的安徽怀远县，主动者是 31 岁的季步春，被动者是 19 岁的陈登孜，第三者是乞丐司四。陈登孜说：

> 哥子与邻人季步春同在怀远县丁家集小本生理，小的也在集上卖水烟。嘉庆二十年秋间不记月日，季步春诱小的与他鸡奸，应许照管衣食，小的应允。以后时常奸宿，陆续给过小的衣物钱文，都记不清。哥子是知道的。小的与求乞的山东人司四平日认识。二十一年八月十六日，司四哄诱小的到庙里与他鸡奸一次，许钱五十文，没有付给。小的向季步春诉知，季步春生气，邀同哥子去寻司四殴打。十七日傍晚，季步春与哥子拿刀，同往庙内寻殴。①

在本案中，主动者与被动者的哥哥合伙做买卖，并与被动者发生同性关系，还照管被动者的衣食。而被动者的哥哥知道这件事，却没有表现出排斥。之后，被动者因为贪图第三者的钱文而与之发生了同性关系，事后第三者却没有付钱给被动者。当被动者将此事告知主动者时，主动者的反应是生气，然后叫上被动者的哥哥，一同去殴打第三者。

本案的特点在于以下几点。

第一，被动者的哥哥知道自己的弟弟与合作伙伴发生同性关系这件事，却没有表现出排斥。作为被动者亲属的这种淡然反应，在全部和奸类案件中是绝无仅有的。究其原因，一个无法得知却无法回避的问题就是被动者的哥哥的性格与想法。如果他反感排斥或禁

---

① 内阁刑科题本，道光元年五月初十日，02-01-07-2773-006。

止他弟弟与他的合作伙伴的这种同性关系的话，他可以跟合作伙伴拆伙，然后带着弟弟远走，但他却表现出允许的姿态和宽容的态度。那么，根据案情推测，被动者哥哥的这种宽容态度，或许是因为他和主动者是合伙做买卖的商业伙伴关系，而主动者也出钱照管被动者的衣食。所以，本案中主动者的宽容，也许部分是出于经济方面的考虑。

第二，当主动者从被动者那里得知第三者诱奸被动者之后却没有给出所许之钱，他的反应是生气，然后要殴打乞丐。可以看出，主动者生气的原因并不是被动者背着他跟其他男人发生性关系，而是其他男人许诺给钱而没给。进而可以看出，其一，本案中的主、被动者双方之间的关系，并不是封闭式的一对一的独占关系，即便是在主动者照管被动者衣食的情况下，他也并未禁止被动者与其他男性发生性关系。其二，本案的主动者似乎也并未禁止被动者通过与其他男性发生性关系的方式来获得钱财，因为他是得知第三者事后没有给钱才生气的。那么由此可以推测，在本案中主、被动者双方的感情需要只占了一部分，可能更多的是一种为了共同生存而相互协助的伙伴式关系。

再看一个前文引用过的主动者借故挟制的案例，该案同时体现了被动者的意愿。该案发生在嘉庆十七年的直隶通州。主动者是34岁的于二，他是正黄旗汉军熊孔山佐领下养育兵；被动者是18岁的周六儿，第三者是31岁的龚二。龚二说：

> 嘉庆十七年六月间，我同周六儿、于二、李八都雇在佟府地方挖河，彼此认识。我们俱在一屋睡宿。七月间，我看破于

二与周六儿有奸。十月十四日，我向李八商量，叫他同向周六儿挟制求奸，李八未允。十五日下午，我向周六儿求奸，周六儿不依。我想再向他央求，他还是不肯，遂起意用刀吓唬。十六日点灯时，在工程处锅火内拿了菜刀一把，带在身边，要想晚间向周六儿吓唬成奸。走到石道旁，适见周六儿走来。我问他往那里去，他说要往海甸买烟荷包，我就跟他同走。我说："你与于二交好，为何不肯与我交好？"他要我给他置买鞋裤。我因没钱，许他迟日买给，并许日后帮给钱文。他说："你自己还没钱使用，也配帮我？"向我刻薄。我一时气忿，随用菜刀在他额角上砍了一下。周六儿跑走，随有官人将我们拿获，解送提督衙门送部的。不料周六儿于二十一日因伤身死。①

本案中的主动者、被动者和第三者都是挖河的工人，都靠出卖劳力为生，都属于低收入群体。但被动者拒绝第三者求奸的理由却是对方没钱，即便第三者用刀砍伤他，他也坚拒不允。那么，从案情中可以推测，主动者与第三者的收入其实都不高，而被动者之所以坚拒第三者，除了第三者没钱之外，可能也因为他不喜欢第三者这个人。而所谓嫌第三者钱少这个理由，可能仅仅是一个防止对方再来骚扰自己的借口。

再看另一个能够体现被动者主观意愿的案件。该案发生于道光年间的广东新会县，主动者是李亚真，被动者是21岁的何亚胜，第三者是吴亚竭，三人在同一个戏班内演戏。李亚

---

① 内阁刑科题本，嘉庆十八年十月二十二日，02-01-07-2515-006。

真说：

> 小的与吴亚竭、何亚胜都受雇在陈升"闰新奉"班内演戏。道光二年八月十五日，夜深人静，小的乘间与何亚胜调戏鸡奸，以后遇便奸宿，不记日期次数。小的并未给过钱物。不料被吴亚竭窥破，也屡向何亚胜调奸，不从，吴亚竭因此怀恨。小的先不知道。三年正月十九日，吴亚竭、何亚胜一同在台演戏。何亚胜误伤吴亚竭手指，吴亚竭斥骂。何亚胜不服，致相争闹，经陈升劝散。二月初四日，小的与吴亚竭、何亚胜在新宁县地方演戏。吴亚竭手拿草药一包，转回寓所，说他现在也患脚痛。适遇挑卖草药的不识姓名人，买得丁公藤，医治甚好，把一半分给小的，转交何亚胜，放入药酒浸吃，脚痛可愈。小的误信，即把草药给何亚胜，放入酒罐。是夜，何亚胜取吃药酒，旋即毒发倒地，叫喊腹痛……过一会死了。①

本案主动者与被动者之间的同性关系并未涉及钱物，那么可以看出，被动者对于自己喜欢的对象，不需钱物也愿意跟对方在一起。

同样，前文引用的一个案例可以与之印证。该案发生于道光十九年二月四川成都府双流县，主动者是 26 岁的陈洪喜，被动者是 15 岁的康娃，第三者是 19 岁的彭家幅。主动者陈洪喜说：

---

① 内阁刑科题本，道光四年五月二十八日，02-01-07-2853-011。

小的与康娃平素认识。道光十九年二月初二日，小的赴场赶集，与康娃会遇。小的见他年轻，起意鸡奸。就是那晚，邀同康娃，在王潮友饭店住宿，调戏成奸。第二日早，小的与康娃开了店钱，各自走了。

第三者彭家幅说：

道光十九年二月初二日夜，小的在王潮友饭店内，与康娃并陈洪喜隔房睡歇。一更过后，听得陈洪喜与康娃同床说笑，起身从缝隙窥看，见陈洪喜正与康娃鸡奸。小的没有做声，各自睡了。初三日傍晚，小的在田边，撞遇康娃走来。小的把他叫住，说他与陈洪喜有奸，也要与小的奸好，方免声张。康娃不依。小的把他扑按倒地，拉下裤子，强要行奸。康娃挣扎，小的用左手大指按住他左臀，右手大二指按住他右臀，致把他左右臀按伤。康娃翻身哭喊。小的怕人听闻，用右手大、二、三指搯伤他咽喉上近左、近右。康娃越发哭骂。小的一时气忿，起意把他勒死。就跪在康娃身上，致膝盖跪伤他脐肚。小的解下拴腰布带，挽成活套，套住康娃咽喉下，两手分执带头，用力拉勒。康娃当就气闭死了。[①]

本案主动者与被动者在饭店说笑鸡奸的时候，住在隔壁的第三者通过墙隙，偷窥了整个过程。第二天，主动者付了房钱后，和被

---

① 内阁刑科题本，02-01-07-3257-004。

动者各自离开。而第三者在向被动者求奸遭拒后，将被动者残忍勒死。

本案的主动者同样没有给被动者钱物，只是付了房钱而已。而在被动者身上，也再次体现了其个人喜好在同性对象选择上的决定作用。

通过上述三个案件可以看出，有些被动者身上充分体现了他们在同性对象选择方面的自主性。他们显然会根据各自具体的需要来选择适合的同性伴侣，而并非一定涉及钱物。尤其是在后两个案例中，主、被动者双方之所以会发生同性关系，一定是有除了物质因素之外的其他纽带。那么在这种纽带中，个人喜好必然起到决定性作用。

第五节　知耻拒绝

知耻拒绝是指被动者因为娶妻结婚或认为自己年纪长大而单方面终止与主动者之间的同性关系。在全部和奸类案件中，由于该原因而结束的同性关系有 91 个，占 19.49%。这类案件中的被动者具备一个明显的特征：既能作为被动方与同性发生性行为，又能作为主动方与异性发生性行为。而且，他们在婚后就立即断绝了先前与同性之间的性关系。被动者拒绝的原因，是对其曾经在一段同性关系中作为被动一方的性别角色感到羞耻，这其中既有社会传统观念和法律对其性别角色认知的影响，也有自身生理成熟导致同性情欲消散的影响。因此，这类被动者身上就体现了同性情欲的阶段性特点。

第六节 持续时间

持续时间是指主被动双方的同性关系所持续的时间，有些是一次或者几次，有些是持续几个月或者几年，最多有持续十四年的。通过探讨主、被动双方关系的持续时间，可以看出性欲、情感、生存方式等在双方关系中的影响。双方和奸一次或几次的，则主要是由"淫念"所驱使。双方关系维系数年甚至十几年的，则体现了情感主导下的综合作用。

根据案件中的叙述，同性关系的持续时间可以分为两类，一类是按次数算，一类是按时间算。在全部 467 个和奸类案件中，按次数算的案件有 190 个，按时间算的案件有 277 个。具体分布如表7-3、表7-4、表7-5。

表 7-3 和奸持续时间分类——按次数算

单位：次，个

次数	1	2	3	4	5	6	不计次数	总计
案件数	84	17	14	1	1	1	72	190

表 7-4 和奸持续时间分类——按时间算（小于一年）

单位：个

月数	1	2	3	4	5	6	7	8	9	10	总计
案件数	26	24	14	16	13	19	2	11	4	3	132

表 7-5　和奸持续时间分类——按时间算（大于等于一年）

单位：个

时间	案件数
1~2 年（不含）	45
2~3 年（不含）	27
3~4 年（不含）	24
4~5 年（不含）	9
5~6 年（不含）	10
6 年	5
7 年	5
8 年	4
9 年	3
10 年	3
12 年	1
13 年	2
14 年	1
几年	6
总计	145

一　双方关系与持续时间

主、被动者双方的社会关系分为邻居、同工、雇佣、师徒、亲戚以及偶遇六种，表 7-6 是双方社会关系与他们同性关系的持续时间之间的关系。

表 7-6　双方社会关系与其同性关系的持续时间

单位：对

持续时间	邻居	同工	雇佣	师徒	亲戚	偶遇	总计
1 次	49	18	10	1	0	6	84
2~6 次	18	8	4	0	0	4	34
不计次数	37	20	7	3	0	5	72

续表

持续时间	邻居	同工	雇佣	师徒	亲戚	偶遇	总计
小于1年	50	38	24	4	3	13	132
1年	22	9	11	1	0	2	45
2年	10	4	10	1	2	0	27
3年	13	3	5	1	0	2	24
4年	5	1	2	1	0	0	9
5年	6	0	2	1	1	0	10
6年	2	0	2	0	0	1	5
7年	2	2	1	0	0	0	5
8年	2	1	1	0	0	0	4
9年	1	0	1	0	1	0	3
10年	2	0	0	0	1	0	3
12年	0	0	0	0	0	1	1
13年	0	1	0	1	0	0	2
14年	1	0	0	0	0	0	1
几年	4	0	2	0	0	0	6
总计	224	105	82	14	8	34	467

如果将表7-6稍微整合，即可得到表7-7，即双方的各种社会关系在不同的持续时间段内的比重。

表7-7 双方社会关系与同性关系持续时间的关系

单位：%

持续时间	邻居	同工	雇佣	师徒	亲戚	偶遇
几次	54.74	24.21	11.05	2.11	0	7.89
小于1年	37.88	28.79	18.18	3.03	2.27	9.85
1~3年	46.88	16.67	27.08	3.13	2.08	4.17
4年以上	51.02	10.2	22.45	6.12	6.12	4.08

分析以上各表，可得以下几点结论。

第一，各种社会关系在不同持续时间段的纵向变化。

"邻居"关系表示的是主、被动者双方居住地区接近，体现的是主、被动者日常生活的活动范围对双方关系持续时间的影响。可以看出，"邻居"关系在双方持续时间段中比重最大的是"几次"这个范围，说明邻居之间更容易发生短暂的关系。在"小于1年"这个时间段，"邻居"关系的比重最小，这说明邻居之间的同性关系最容易在这个时间段内终结。而在"1~3年"和"4年以上"这两个时间段内，"邻居"关系的比重稳中有升，这说明双方居住地位置的稳定，使双方同性关系得以维持较长时间。

"同工"关系表示的是主、被动者在一处做工、结伴讨乞、合伙做买卖、同庙为僧、同班唱戏等，这种关系下的双方基本上白天一同工作，夜里同屋歇宿。简言之，两人因工作原因而一起生活。可以看出，从"几次"到"小于1年"期间，"同工"关系的比重较大；但随着持续时间的增长，"同工"关系所占的比重迅速降低。这说明，双方一同工作时间的长短，对他们同性关系的持续时间有直接影响。

"雇佣"关系表示的是被动者受雇于主动者，对主动者有一定的人身依附。通常，"雇佣"关系的双方也是由于一同工作而在一起生活的。可以看出，从"几次"到"1~3年"这三个时间段内，"雇佣"关系所占的比重从一成多增加到近三成，这说明雇主与雇工之间的同性关系，很少只持续几次，而一般会持续几年之久。因为雇工的雇佣时间一般是以几年来计算的，所以一旦双方发生了同性关系，那么基本上会与雇工的雇佣时间相近。

"师徒"关系表示的是被动者向主动者学艺，同样对主动者有一定的人身依附，双方也是在一起生活。由于个案较少，因此不具有代表性。同样，"亲戚"和"偶遇"关系也是如此。

第二，在各个持续时间段内的各种关系所占比重的横向对比。

在"几次"这个时间段内，"邻居"所占的比重最高，这说明主、被动者双方短暂的同性关系，更容易发生于居住在身边的对象身上。而"同工"的双方，由于一同生活，发生同性关系的概率也很高，接近四分之一。"偶遇"的陌生人之间也偶尔会擦出短暂的火花，大概每12对同性关系之中，就有1对是素不相识的陌生人。

在"小于1年"这个时间段内，各种关系的比重变化最大的要数"邻居"关系的减少，以及"同工"和"雇佣"关系的增加。究其原因，前面已经各自说过，总结一下就是，邻居之间的关系更容易在1年以内被发现而被迫中止，而同工和雇佣的比重增加，则是由双方一同工作的时间决定。

在"1~3年"这个时间段内，"邻居"与"雇佣"关系比重的增加，与"同工"关系比重的减少形成鲜明对比。这说明，双方一同工作的时间长于一年的关系数量，比在一年以内的关系数量要少。反之，雇佣时间长于一年的关系数量，比在一年以内的关系数量要多。

在"4年以上"这个时间段内，比较显著的变化是"同工"关系比重的持续减少，以及"雇佣"关系比重从多到少。

第三，作为典型的一次性同性关系。

从表7-3和表7-6可以看出，在主、被动者双方只和奸1次的84个案件中，双方是"邻居"关系的有49对，占58.33%；"同工"的18对，占21.42%；"雇佣"的10对，占11.9%；"师徒"的 1 对，占 1.19%；"偶遇"的 6 对，占 7.14%。

以双方是否认识来划分，可分为两类：一类是"偶遇"，属于双方素不相识；另一类是其他几种关系，双方素识。可知，九成以上的主、被动者喜欢与熟人发生一次性性关系。

以双方是否有人身依附关系来划分，也可分为两类：一类是"雇佣"与"师徒"，属于被动者依附于主动者；另一类是其他几种关系，被动者并不依附于主动者。二者比例约为 1:7。可知，有人身依附关系的主、被动者发生一次性性关系的比重较低。

接着，笔者对双方是"邻居"关系且和奸 1 次的 49 个案件中的被动者的年龄进行分析，有 43 个案件中的被动者有确切的年龄信息。其中年纪最大的 24 岁，年纪最小的仅有 6 岁。其年龄分布如表 7-8。

表 7-8　一次性和奸的被动者年龄分布

单位：人

年龄（岁）	人数	年龄（岁）	个数	年龄（岁）	人数
6	1	14	2	19	1
10	5	15	7	20	1
11	6	16	5	22	1
12	3	17	4	23	1
13	1	18	3	24	2

由表 7-8 计算可知，这些被动者的平均年龄为 14.84 岁，这比全部被动者的平均年龄 19.14 岁要小 4 岁多。更重要的是，这些被动者大多还只是男孩。

由此可知，在清代乡村社会中，在主、被动者双方是"邻居"关系且只发生 1 次同性关系的情况下，被动者多为年约 14 岁的男孩。或者说，14 岁左右的男孩更容易受到来自邻居男子的哄诱，并与之发生一次性性关系。

二　和奸原因与持续时间

接下来分析"和奸原因"与双方关系持续时间之间的联系，这里主要考察被动者"年轻好看"以及"贪图财物"这两个原因。根据笔者统计，在全部 467 个和奸类案件中，主动者因为被动者"年轻好看"而与之和奸的案件有 95 个，占 20.34%；被动者因为"贪图财物"而答应与主动者和奸的案件有 153 个，占 32.76%。需要说明的是，被动者"年轻好看"这个理由，多半是由主动者在其口供中说出来的；而被动者"贪图财物"这个理由，多半是由被动者在其口供中说出来的。

笔者之所以选择这两个和奸原因作为重点分析，一是因为这两个原因比较有代表性，二是这两个原因是案件中明确提出的，其他案件多半是以"和奸"或"成奸"带过。

需要说明的是，除了上述两个原因之外，案件中最多的表述是"哄诱成奸"和"调戏成奸"，共有 188 个，占全部 467 个和奷案件的 40.26%。这两种说法只能算是和奸方式或结果，至于主动者"哄诱"或"调戏"被动者的原因，口供中并未说明。不过，根据笔者的推测，也有可能是"被动者年轻好看"。

被动者"年轻好看"和"贪图财物"这两个原因与同性关系持续时间的关系，可见表 7-9。

表 7-9　双方和奸原因与同性关系的持续时间

单位：个

持续时间	被动者年轻好看	被动者贪图财物	总计
1 次	17	39	56
2~6 次	8	10	18
不计次数	6	13	19
小于 1 年	40	54	94
1 年	10	18	28
2 年	4	6	10
3 年	4	4	8
4 年	0	1	1
5 年	1	2	3
6 年	1	0	1
7 年	0	2	2
8 年	2	1	3
9 年	1	0	1
10 年	0	1	1
12 年	0	1	1
13 年	1	0	1
14 年	0	1	1
总计	95	153	248

以下分析几个具有代表性的时间段。

根据表 7-9 可知，只发生过 1 次同性关系的主、被动者双方中，有约七成（约 69.64%）是被动者"贪图财物"。由此可以看出，对于清代乡村社会中的一部分年轻男子而言，向年长男性出卖自己身体的使用权并以此获得相应的财物（即以奸换钱）是这些年轻男子的一种生存手段。

在"小于 1 年"的持续时间段之内，被动者"年轻好看"的比重占 42.55%，而被动者"贪图财物"的比重则降至 57.45%，下降了 12% 多。这说明，双方的同性关系虽然还是以财色交换为主，但其比重随着持续时间的增加而有所下降。

值得注意的是，持续时间在 1~3 年的这个时间段内，被动者"贪图财物"的比重从约 64.29%，降到 60%，最后降到 50%；而被动者"年轻好看"的比重则从 35.71%，升到 40%，最后升到 50%。可以看出，双方持续时间在 1~3 年这个时间段内，被动者"年轻好看"的因素会逐渐重要，而"贪图财物"的因素则会逐渐下降，最终两种因素持平。这说明，随着双方同性关系持续时间的增加，双方关系中的财色交换虽然还是主流，但比重是在不断降低的。

在持续时间为 4 年及以上的 15 对同性关系之中，被动者"年轻好看"与"贪图财物"这两种原因的比重为 2∶3。值得注意的是，在双方同性关系的持续时间为 10~14 年的 4 对关系中，有 3 对关系的原因都是被动者"贪图财物"。由此可知，"贪图财物"并非主要出现在短暂的同性关系中，在 10 年以上的同性关系中依然可见。当然，这里的和奸原因只是双方最初在一起的原因，但经过了十来年的相处，双方同性关系的维持可能早已不是财物这么简单了。那么，并没见诸档案的口供中却又无法忽视的原因，应该是双方一定程度上的情感纽带。

综上，因为被动者"年轻好看"以及"贪图财物"的原因而发生的同性关系，其持续时间大多为 1 次以及数月而已。而在一次性的同性关系之中，大多数和奸原因是被动者"贪图财物"，其财色交换的性质非常明显。

三 结束原因与持续时间

在全部 467 个和奸类案件中，前文所分析的五个主要原因的案件数及其所占比重分别是：财物纷争 103 件，占 22.06%；相处不合 43 件，占 9.21%；知耻拒绝 91 件，占 19.49%；关系曝光 128 件，占 27.41%；他人介入 102 件，占 21.84%。因为在同一个案件中可能会出现超过一对同性关系，所以在 467 个和奸类案件中，不只有 467 对同性关系存在。

那么，主、被动者之间同性关系结束的五个原因与持续时间之间的关系，可见表 7-10。

表 7-10　同性关系结束原因与持续时间

持续时间	财物纷争	相处不合	知耻拒绝	关系曝光	他人介入	总计
1 次	24	3	17	36	4	84
2~6 次	7	1	5	16	5	34
不计次数	14	5	28	16	13	76
小于 1 年	26	16	6	34	52	134
1 年	16	5	3	10	12	46
2 年	5	3	7	5	7	27
3 年	2	3	8	4	6	23
4 年	3	0	2	3	1	9
5 年	2	1	5	1	1	10
6 年	1	1	2	0	1	5
7 年	0	1	3	1	0	5
8 年	1	2	1	0	0	4
9 年	1	0	2	0	0	3
10 年	1	0	2	0	0	3
12 年	0	1	0	0	0	1
13 年	0	1	0	1	0	2
14 年	0	0	0	1	0	1
总计	103	43	91	128	102	467

（一）按照时间段进行横向分析

在导致双方只发生 1 次同性性行为就结束关系的诸多原因中，"关系曝光"是最主要的原因，比重为 42.86%；其次是"财物纷争"，占 28.57%；然后是"知耻拒绝"，占 20.24%。可以看出，在一次性的性关系中，四成多的关系是由于外人看破而结束的。由此可知，一次性性关系的私密性最差，因此最容易被外界发现，并被迫结束。

在导致双方同性关系持续不到 1 年就结束的诸多原因中，"他人介入"是最主要的原因，占 38.81%；其次是"关系曝光"，占 25.37%；然后是"财物纷争"，占 19.4%。可以看出，在持续时间为几个月的同性关系中，近四成关系结束的原因是他人介入。那么由此可知，双方的同性关系在这段时期内最容易受到第三者的冲击而结束。

在导致双方同性关系持续约 1 年就结束的诸多原因中，"财物纷争"是最主要的原因，占 34.78%；其次是"他人介入"，占 26.09%；然后是"关系曝光"，占 21.74%。可以看出，对于持续一年的同性关系而言，财物问题成为决定双方关系是否能维持下去的重要因素。与"小于 1 年"时间段相比，仅有四分之一多的同性关系终止于"他人介入"，比重已经显著下降，这说明双方在相处一年后，决定关系能否继续维持的主要原因，已经从外部的他人介入，变成内部的财物纷争。

在双方相处了 2~5 年而后分开的 69 个案例中，分开的最主要原因是"知耻拒绝"，占 31.88%；其次是"他人介入"，约占 21.74%；"关系曝光"和"财物纷争"较为接近，分别占 18.84% 和 17.39%。可以看出，被动者因为自觉羞耻而单方面终止与主动者之间的同性关系，是这一阶段关系结束的主要原因，约三成的被动者选择这样做。而他们之所以这么做，是因为他们经历了社会化的过程，这点前文已经论述过，此处不再赘述。

在同性关系持续了6~14年而后结束的24个案例中，主要原因仍是"知耻拒绝"，占41.67%；其次是双方"相处不合"，占25%。可以看出，有四成多的被动者在经历了社会化过程后，选择单方面终止同性关系，原因同上。值得注意的是"相处不合"的比重的增加。从表7-10中可以看出，双方甚至在相处了12年和13年之后，仍然会因为相处过程中的摩擦而分开。

（二）按照原因的时间变化进行纵向分析

在因"财物纷争"而结束的关系中，双方只发生过1~6次同性性行为的比重为30.1%，双方关系只维持了几个月就结束的占25.24%。从1年到10年之间，因这类原因而结束的关系数量逐渐减少；维持10年以上而结束的关系中，就没有"财物纷争"一项。可以看出，因"财物纷争"而结束的关系，大多只维持了不到一年，甚至只有几次。

在因"相处不合"而结束的关系中，在"小于1年"这个时间段达到最高点，在持续时间为1年及以后的时间段内，迅速减少。这个分类本身具有一定的时间要求，因为只有相处了一定时间才会产生不合。同样，从表7-10亦可看出，因"相处不合"而结束的同性关系，大多只维持了几个月。

在因"知耻拒绝"而结束的关系中，该原因主要出现在持续时间从1次到不计次数这个阶段内，约占一半多。在持续时间从几个月到10年的这个时间段之间，该原因则保持了相对平稳的出现频率。持续时间在10年以上的同性关系，就没有因为该原因而结束的了。可以看出，这个原因的出现频率相对稳定。这说明，"知耻拒绝"是导致主、被动者双方的同性关系结束的基本原因之一。

在因"关系曝光"而结束的关系中，该原因主要出现在持续时间为 1 次至 1 年以内的这个阶段，占比将近八成。在持续时间超过 1 年的时间段里，该原因的出现频率急剧降低。可以看出，"关系曝光"对于主、被动者双方同性关系的持续时间的制约作用，主要体现在 1 年以内的短期时段。

因"他人介入"而结束的关系，主要存在于时间段"小于 1 年"这个阶段，约有一半出现在该时间段之内。持续时间在 1 年至 6 年的区间内，该原因出现频率急剧减少。而在 6 年以上的时间段内，就不见该原因了。可以看出，"他人介入"最容易对相处时间在 1 年以内的主、被动者双方之间的同性关系产生影响，并导致其结束。这说明，相处时间不到一年的主、被动者双方之间的同性关系，最容易受到他人介入的冲击而结束。

综上，持续时间为 1 次至几次的同性关系，结束的主要原因是"关系曝光"；持续时间小于 1 年的关系，结束的主要原因是"他人介入"；持续时间为 1 年的关系，结束的主要原因是"财物纷争"；而"知耻拒绝"则是导致双方关系结束的一个基本原因。

结　语

　　刑科题本显示，在清代乡村社会中，一些男性会主动对同性产生情欲，或者因为对方是比自己年轻 15 岁以上的青少年男性，或者因为对方的长相具有女性特点。这些男性的求奸行为一般会发生在与对方独处时、趁对方睡熟或酒醉后。

　　当对方拒绝这些男性的同性情欲后，会选择拒杀、隐忍、报复或自杀，其家人会选择报官、报复或自杀；而这些男性被拒绝后同样会选择杀死对方、继续求奸、赔礼道歉、隐忍或自杀。不同对象面对同一件事会出现不同反应，主要是因为不同个体之间的主观差异。

　　这些男性也会通过一些手段让对方接受自己的同性情欲，如言语哄诱、肢体试探、财物利诱、借故挟制或设局逼迫。由于对象的个体差异，同样的手段可能得到相反的结果。同时，这些男性自身的身份、地位和财产状况，也会对结果产生一定影响。例如，自己的身份地位越高或财产越多，则对方接受自己的可能性就相对越高。

　　当这些男性的同性情欲被对方接受之后，双方就会形成一段同性关系，可分为偶然型、同伴型和隐居型三类。其中，偶然型关系又可分为邻里之间、一夜风流和皮肉生意三种；同伴型关系又可分为主雇之间、同工之间和同学之间三种；隐居型关系则多发生于僧道等出家人之间。在这些不同类型的同性关系中，又可以看出清代男性之间同性情欲的三个特点，即阶段性、流动性和兼容性。而上述同性关系也会由于种种原因而结束，如财物纷争、相处不合、关系曝光、他人介入或知耻拒绝。

通过上述分析不难发现，绝大部分冲突产生的原因，是社会上对于男风或鸡奸否定与排斥的主流道德观念，以及双方的同性情欲及各种同性关系之间的矛盾。换句话说，儒家伦理道德对于清代男性之间的同性情欲和同性关系产生了最大限度的限制作用。

在治理社会方面，儒家的伦理道德通过每一个人的思想实现自我规训，通过每一个人的眼睛实现互相监督。于是，每一个被道德教化的人都成为整个道德秩序的基础和卫士，他们遵循道德教化去为人处世，并时刻注视身边任何行差踏错的人。一旦发现有人做出违背道德之事，他们就会视情节的严重程度而对其进行劝诫、斥责或去报官。当道德无法约束个人或个人不在乎道德约束时，即轮到法律登场。

案件显示，道德对男风的教化主要有两种途径：自我规训与他人监视。其中，他人监视的作用一般要大于自我规训。

道德通过自我规训产生作用的方式，首先是灌输儒家纲常伦理道德，形成基本的道德观念；然后通过一些旨在维护儒家伦理道德秩序的衍生读物，如《传家宝》《龙阳六不可》等各类劝善遏淫书，进一步深入和细化道德对于男风的种种规训。最终让个人实现由外而内的自我规训，成为儒家伦理道德的传道者和卫道者。

上述实现自我规训的人在彼此之间的审视与评价，及其所形成的关注之网，就是道德通过他人监视产生作用的方式，如鸡奸当事人双方的长辈、妻子、儿子、邻居等对当事人的斥责。其中，妻子一边受到儒家纲常伦理道德的压迫，一边又积极维护这个压迫自己的道德秩序。

按照道德教化的结果进行区分，案件中的主动者可分为两类：一是缺乏自我规训但重视他人监视的人，包括绝大部分主动者，他们主动求奸，但又担心奸情曝光后没脸做人或被送官治罪；二是缺乏自我规训且无视他人监视的人，即无视道德教化，包括僧道、丐霸、地主、无业游荡者等。

案件中的被动者可分为四类：一是从小就完成自我规训且重视他人监视的人，如以各种方式拒奸的被动者，遭求奸后选择报复、隐忍或自杀的被动者等；二是随着年龄增长才逐渐形成自我规训并开始重视他人监视的人，如因知耻拒绝而结束双方同性关系的被动者；三是有条件地忽视自我规训但重视他人监视的人，如因关系曝光而终止双方同性关系的被动者，以及以奸换钱谋生的被动者等；四是缺乏自我规训且无视他人监视的人，即无视道德教化，如因财物纷争、他人介入和相处不合而终止双方同性关系的被动者等。

上述讨论说明，在公共场合中，他人监视是道德对男风产生限制作用的主要方式。但在私密场合中，自我规训就会受到淫欲、物欲或求生欲等因素的影响而难以持续发挥作用。

同时，在清代社会中也确实存在一些既缺乏自我规训也无视他人监视而我行我素的人。根据案情分析，无视道德教化者不受道德约束的原因大致如下。

第一，伦理秩序之外者。这些人处于儒家伦理道德秩序之外，由于在儒家的纲常秩序中没有自己的位置，所以他们在自己的生活范围之内也就基本上不会受到道德教化的影响。包括无业游荡者、僧道、丐霸等。

第二，社会地位高者。这些人处于道德伦理秩序之内，但属于特权阶层，如乡村中的地主等。他们在社会中的身份通常是治理者，即道德教化的监视者，而非被监视者，因此他人监视对他们的限制作用远小于对普通百姓。而他们一旦忽视自我规训而任意行事，也确实很难被道德或法律所约束。

第三，义务履行完毕者，或角色扮演合格者。这些人处于道德伦理秩序之内，但已经履行完毕儒家伦理道德所规定的各项义务，或已经合格扮演完毕他们在各种社会关系中的角色，如尽孝养老的儿子、结婚生子的丈夫和父亲、养家糊口的丈夫和父亲等。在案件中，这些人通常是已婚者，而且还应该是儒家伦理道德秩序的基石和家庭的支柱。但是，当他们完成上述社会角色所应履行的各项义务之后，男风对他们而言只是一个无伤大雅的个人癖好而已，基本不会对他们的身份、地位或生活产生根本性影响。

从上述三类人，特别是后两类人之中，即可看出道德与法律在治理男风方面所留下的缝隙，而这些缝隙也正是男风在清代社会中能够存在和传播的原因。

参考文献

一　史料

中国第一历史档案馆藏内阁刑科题本。

中国第一历史档案馆藏光绪、宣统朝军机处录副奏折。

《嘉庆朝上谕档》，中国第一历史档案馆编，广西师范大学出版社，2008。

《道光朝上谕档》，中国第一历史档案馆编，广西师范大学出版社，2009。

《咸丰朝上谕档》，中国第一历史档案馆编，广西师范大学出版社，2008。

《同治朝上谕档》，中国第一历史档案馆编，广西师范大学出版社，2008。

《光绪朝上谕档》，中国第一历史档案馆编，广西师范大学出版社，2008。

班固：《汉书》，中华书局，1962。

曹雪芹、高鹗：《红楼梦》，人民文学出版社，1996。

常熟顾泾同志氏藏《寿世慈航》，巴蜀书社 1992 年影印《藏外道书》本。

邓淳编《家范辑要》，清咸丰五年水云山房刻本。

傅山：《傅青主男女科》，学苑出版社，2006。

高濂：《雅尚斋遵生八笺》，书目文献出版社，1988。

《古兰经译解》（丙种），王静斋译，中国回教协会发行，上海永祥印书馆出版，1936。

胡平生、陈美兰译注《礼记·孝经》，中华书局，2007。

纪昀：《阅微草堂笔记》，上海古籍出版社，1980。

江瓘、江应宿编《名医类案》，宏业书局，1994。

兰陵笑笑生：《金瓶梅词话》，人民文学出版社，1992。

李时珍：《本草纲目》，华夏出版社，1998。

李文治编《中国近代农业史资料》，三联书店，1957。

《李渔全集》，浙江古籍出版社，1991。

李贽辑《开卷一笑》，天一出版社，1985。

里人何求：《闽都别记》，福建人民出版社，1987。

梁溪坐观老人：《清代野记》，中华书局，2007。

灵阳道人原著，陈撄宁删订《增补金华直指女工正法》（又名《女功正法》），收入王德槐编《中国仙道之究竟第三集》，编者自印，2006。

凌濛初：《初刻拍案惊奇》，上海古籍出版社，1992。

刘向：《战国策》，上海古籍出版社，1985。

陆人龙：《型世言》，中华书局，1993。

闵钺：《蕉窗十则注解》，清光绪二十六年仪征吴氏刻本。

《明代笔记小说大观》，上海古籍出版社，2005。

《钦定四库全书》，文津阁四库全书影印本。

《清实录》，中华书局，1986。

阙名：《燕京杂记》，北京古籍出版社，1986。

沈德符：《万历野获编》，中华书局，1959。

沈之奇：《大清律辑注》，法律出版社，2000。

石成金编著《传家宝全集·福寿鉴》，中州古籍出版社，2002。

石璇：《遏淫敦孝编》，柏香书屋刻本，1930。

孙念劬编《全人矩矱》，巴蜀书社 1992 年影印《藏外道书》本。

天然痴叟：《石点头》，上海古籍出版社，1994。

王冰：《黄帝内经》，明嘉靖二十九年武陵顾从德翻宋刻本。

王先慎：《韩非子集解》，中华书局，1998。

魏同贤主编《冯梦龙全集》，凤凰出版社，2007。

魏之琇编《续名医类案》，宏业书局，1994。

谢章铤：《赌棋山庄全集 笔记合刻·围炉琐忆》，文海出版社，1982。

谢肇淛：《五杂俎》，中华书局，1959。

徐珂编《清稗类钞》，中华书局，1986。

《徐渭集》，中华书局，2003。

许梿：《洗冤录详义》，上海古籍出版社，1997。

尤侗：《艮斋杂说续说看鉴偶评》，中华书局，1992。

《袁枚全集》，江苏古籍出版社，1993。

袁枚：《随园诗话》，人民文学出版社，1982。

袁自超：《戢影述录》，清光绪十二年刻本。

张杰编《断袖文编——中国古代同性恋史料集成》，天津古籍出版社，2013。

张振鋆：《厘正按摩术》，收入《续修四库全书》，上海古籍出版社，1997。

赵尔巽等：《清史稿》，中华书局，1977。

郑希贤：《紫金光耀大仙修真演义》，收入严一萍编《百部丛书集成》，艺文印书馆，1967。

郑曦原编《帝国的回忆——〈纽约时报〉晚清观察记》，郑曦原、李方惠、胡书源译，三联书店，2001。

朱寿朋编《光绪朝东华录》，中华书局，1958。

祝庆祺、鲍书芸、潘文舫编《刑案汇览三编》，北京古籍出版社，2004。

二 外文论著及译著

Bret Hinsch, *Passions of the Cut Sleeve: The Male Homosexual Tradition in China*, University of California Press, 1992.

Bryan S. Turner：《身体与社会理论》，谢明珊译，韦伯文化国际出版有限公司，2010。

E. H. 卡尔：《历史是什么?》，陈恒译，商务印书馆，2010。

E. 霍布斯鲍姆、T. 兰格：《传统的发明》，顾杭、庞冠群译，译林出版社，2004。

Matthew H. Sommer, *Sex, Law, Society in Late Imperial China*, Stanford University Press, 2000.

Matthew H. Sommer, "Dangerous Males, Vulnerable Males, and Polluted Males: The Regulation of Masculinity in Qing Dynasty Law," in

Brownell, Susan and Jeffrey N. Wasserstrom, eds., *Chinese Femininities/Chinese Masculinities: A Reader*, University of California Press, 2002.

阿尔弗雷德·C. 金赛：《金赛性学报告》，潘绥铭译，中国青年出版社，2013。

埃马纽埃尔·勒华拉杜里：《蒙塔尤》，许明龙、马胜利译，商务印书馆，2007。

霭理士：《性心理学》，潘光旦译，三联书店，1987。

爱德华·W. 萨义德：《东方学》，王宇根译，三联书店，2007。

奥托·魏宁格：《性与性格》，肖聿译，译林出版社，2011。

柏拉图等：《柏拉图的〈会饮〉》，刘小枫等译，华夏出版社，2003。

本尼迪克特·安德森：《想象的共同体：民族主义的起源与散布》，吴叡人译，上海人民出版社，2005。

彼得·伯克：《法国史学革命：年鉴学派，1929~1989》，刘永华译，北京大学出版社，2006。

彼得·伯克：《历史学与社会理论》（第2版），姚朋、周玉鹏等译，上海人民出版社，2010。

彼得·伯克：《欧洲近代早起的大众文化》，杨豫、王海良等译，上海人民出版社，2005。

彼得·伯克：《什么是文化史》，蔡玉辉译，北京大学出版社，2009。

大卫·诺克斯、卡洛琳·沙赫特：《情爱关系中的选择——婚姻家庭社会学入门》（第9版），金梓等译，北京大学出版社，2009。

戴维·波普诺：《社会学》（第 10 版），李强等译，中国人民大学出版社，1999。

弗洛朗斯·塔玛涅：《欧洲同性恋史》，周莽译，商务印书馆，2009。

弗洛伊德：《爱情心理学》，林克明译，作家出版社，1986。

弗洛伊德：《精神分析引论》，高觉敷译，商务印书馆，2010。

高罗佩：《中国古代房内考》，李零译，上海人民出版社，1990。

葛尔·罗宾：《酷儿理论：西方 90 年代性思潮》，李银河译，文化艺术出版社，2003。

卡洛·金斯伯格：《夜间的战斗》，朱歌姝译，上海人民出版社，2005。

柯文：《在中国发现历史——中国中心观在美国的兴起》，林同奇译，中华书局，2002。

克利福德·格尔茨：《文化的解释》，韩莉译，译林出版社，1999。

孔飞力：《叫魂：1768 年中国妖术大恐慌》，陈兼、刘昶译，上海三联书店，1999。

李中清、王丰：《人类的四分之一：马尔萨斯的神话和中国的现实》，姚远等译，三联书店，2000。

林·亨特编《新文化史》，姜进译，华东师范大学出版社，2011。

罗伯特·达恩顿：《拉莫莱特之吻》，萧知纬译，华东师范大学出版社，2011。

罗伯特·达恩顿：《屠猫记：法国文化史钩沉》，新星出版社，2006。

罗伯特·克鲁克斯、卡拉·鲍尔：《我们的性》，张拓红等译，华夏出版社，2003。

马克·布洛赫：《为历史学辩护》，张和声、程郁译，中国人民大学出版社，2006。

玛利亚·露西娅·帕拉蕾丝-伯克编《新史学：自白与对话》，彭刚译，北京大学出版社，2006。

米歇尔·福柯：《不正常的人》，钱翰译，上海人民出版社，2010。

米歇尔·福柯：《疯癫与文明》，刘北成、杨远婴译，三联书店，2009。

米歇尔·福柯：《规训与惩罚》，刘北成、杨远婴译，三联书店，2009。

米歇尔·福柯：《性经验史》（增订版），佘碧平依，上海人民出版社，2005。

娜塔莉·泽蒙·戴维斯：《马丁·盖尔归来》，刘永华译，北京大学出版社，2009。

诺贝特·埃利亚斯：《文明的进程》，王佩丽、袁志英译，上海译文出版社，2009。

索尼娅·罗斯：《什么是性别史》，曹鸿译，北京大学出版社，2020。

托马斯·拉科尔：《孤独的性：手淫文化史》，杨俊峰等译，上海人民出版社、上海科学技术出版社，2007。

约翰·盖格农：《性社会学——人类性行为》，李银河译，内蒙古大学出版社，2009。

张仲礼：《中国绅士》，李荣昌译，上海社会科学院出版社，1991。

朱利安·巴恩斯：《终结的感觉》，郭国良译，译林出版社，2012。

三 中文著作及论文

《陈旭麓文集》，华东师范大学出版社，1996。

曹鸿：《社会政治与历史书写的互动——美国同性恋史研究的发展与思考》，《世界历史》2017年第6期。

曹树基：《中国人口史·清时期》，复旦大学出版社，2001。

陈晶琦：《565名大学生儿童期性虐待经历回顾性调查》，《中华流行病学杂志》2004年第10期。

陈秀芬：《养生与修身——晚明文人的身体书写与摄生技术》，稻香出版社，2009。

陈志武：《量化历史研究的过去与未来》，《清史研究》2016年第4期。

费孝通：《江村经济》，上海人民出版社，2007。

费孝通：《乡土中国 生育制度》，北京大学出版社，1998。

冯尔康、常建华：《清人社会生活》，天津人民出版社，1990。

冯尔康：《清人社会漫步》，中国社会出版社，1999。

郭松义：《伦理与生活——清代的婚姻关系》，商务印书馆，2000。

郭晓飞：《中国法视野下的同性恋》，知识产权出版社，2007。

郭晓飞：《中国有过同性恋的非罪化吗?》，《法制与社会发展》2007年第4期。

黄妙红：《儿童期性侵犯受害者不同创伤反应的应对策略》，中国青年政治学院硕士学位论文，2011。

黄宗智：《清代的法律、社会与文化：民法的表达与实践》，法律出版社，2014。

黄宗智：《中国法律制度的经济史、社会史、文化史研究》，《中国经济史研究》1999 年第 2 期。

李伯重：《史料与量化：量化方法在史学研究中的运用讨论之一》，《清华大学学报》2015 年第 4 期。

李银河、王小波：《他们的世界——中国男同性恋群落透视》，山西人民出版社，1992。

李银河：《同性恋亚文化》，内蒙古大学出版社，2009。

李长莉：《中国人的生活方式：从传统到近代》，四川人民出版社，2008。

梁柏力：《被误解的中国：看明清时代和今天》，中信出版社，2010。

梁晨、董浩、李中清：《量化数据库与历史研究》，《历史研究》2015 年第 2 期。

林星群：《清代法律视野下的男风现象》，重庆大学硕士学位论文，2009。

刘达临、鲁龙光主编《中国同性恋研究》，中国社会出版社，2005。

刘达临：《性与中国文化》，人民出版社，1999。

潘乃穆、潘乃和编《潘光旦文集》，北京大学出版社，2000。

瞿同祖：《清代地方政府》（修订译本），范忠信、何鹏、晏锋译，法律出版社，2011。

瞿同祖：《中国法律与中国社会》，中华书局，2003。

饶毅：《欲解异性恋 须知同性恋》，《科学文化评论》2012 年第 5 期。

施晔：《中国古代文学中的同性恋书写研究》，上海人民出版社，2008。

宋镇照：《社会学》，五南图书出版公司，1997。

王小波：《黑铁时代》，中国青年出版社，2002。

王跃生：《清代中期婚姻冲突透析》，社会科学文献出版社，2003。

王跃生：《十八世纪中国婚姻家庭研究》，法律出版社，2000。

吴存存：《明清社会性爱风气》，人民文学出版社，2000。

颜丽媛：《清代性侵害案件中男性受害者的法律保护——以清代法律实践为中心》，《中国刑事法杂志》2012 年第 10 期。

晏涵文：《性、两性关系与性教育》，心理出版社，2004。

杨伯峻译注《孟子译注》，中华书局，1960。

张杰：《清代有关同性性犯罪的法律规定及对当前相关立法的启示》，《中国性科学》2004 年第 3 期。

张仁善：《礼·法·社会——清代法律转型与社会变迁》，天津古籍出版社，2001。

张业亮：《同性婚姻问题与美国政治》，《美国研究》2012 年第 2 期。

张在舟：《暧昧的历程：中国古代同性恋史》，中州古籍出版社，2001。

赵世瑜：《历史司法档案的利用与法史研究的不同取向》，《中国政法大学学报》2013 年第 6 期。

后　记

从最初接触这个题目，到本书出版，已经过去了十一年。2011年秋天，我在中国第一历史档案馆为博士学位论文寻找选题时，无意间发现数千件涉及鸡奸情节的刑科题本档案。于是，在向我的导师郭双林教授汇报并得到郭老师的支持后，我以"清代下层社会的男同性恋"为题，开始在一档馆搜集上述档案，作为博士学位论文的基础材料。经过一年多的档案搜集、文献阅读和论文撰写、修改，我顺利通过答辩。工作后，我以博士学位论文为基础，申请到了教育部的青年基金项目。与此同时，我在不断学习过程中逐渐意识到，自己过去使用"同性恋"一词来指代中国古代的男风过于草率。从学术研究角度看，现代西方的同性恋话语与中国古代社会的男风概念，虽然在表象上有些相似，但在本质上并不相同。于是，我此后就用男风来指代我的研究对象。这些年发生的一些关于同性恋的社会新闻，也愈加表现出同性恋的相关理论在本土实践层面的种种不适用，或许我的历史层面的研究能够为解决这类现实问题提供一些参考。当然，这种现实意识也是在对研究和社会的同步关注中逐渐形成的。

本书脱胎自我的博士学位论文，一路走来，我得到了许多师长的帮助。

感谢我的博士导师郭双林教授。不论是求学时期还是工作之后，每次和郭老师的交流都让我获益匪浅，郭老师的学识和眼界也总能给我启发和激励。如果没有郭老师在十一年前的支持和鼓励，就不会有我的博士学位论文、后续的研究以及这本书。感谢我的硕士导师孙燕京教授。孙老师在学术上的严格要求和生活上的亲切和蔼，让刚到北京读书的我能够较快适应新的学习和生活。在孙老师的指导下，我得以初窥史学门径。感谢对我的研究提出宝贵意见的诸位师长：郑师渠、王跃生、左玉河、刘悦斌，黄兴涛、夏明方、孟超、朱浒、马克锋、杨雨青、吴效马、张瑞龙、高波，杜芳琴、高世瑜、裔昭印……有了这些同人的帮助，我的研究才能稳步前进。

感谢中国第一历史档案馆利用处的诸位工作人员，尤其是李静老师。在我 2008 年初次去一档馆查阅档案时，李老师的认真敬业与乐于助人就给我留下了深刻的印象。在我为博士学位论文搜集档案期间，也是她的包容和帮助才使我的工作得以顺利且迅速地完成。

感谢社会科学文献出版社的各位老师，特别是郑庆寰和陈肖寒，没有各位的辛勤付出，就没有这本书的最终出版。

图书在版编目（CIP）数据

清代男风问题研究：1800—1898 / 董笑寒著 . —
北京：社会科学文献出版社，2022.6（2022.10 重印）
（西北大学史学丛刊）
ISBN 978-7-5201-9211-8

Ⅰ.①清… Ⅱ.①董… Ⅲ.①同性恋-研究-中国-
清代 Ⅳ.①D669.1

中国版本图书馆 CIP 数据核字（2022）第 054953 号

西北大学史学丛刊
清代男风问题研究（1800~1898）

著　　者 / 董笑寒

出 版 人 / 王利民
责任编辑 / 赵　晨　陈肖寒
责任印制 / 王京美

出　　版 / 社会科学文献出版社·历史学分社（010）59367256
　　　　　地址：北京市北三环中路甲 29 号院华龙大厦　邮编：100029
　　　　　网址：www. ssap. com. cn
发　　行 / 社会科学文献出版社（010）59367028
印　　装 / 唐山玺诚印务有限公司

规　　格 / 开　本：787mm×1092mm　1/16
　　　　　印　张：16.25　字　数：193 千字
版　　次 / 2022 年 6 月第 1 版　2022 年 10 月第 2 次印刷
书　　号 / ISBN 978-7-5201-9211-8
定　　价 / 89.00 元

读者服务电话：4008918866